CONVERSANDO CON DIOS

sobre las claves del Universo

Enrique Miguel Sánchez Motos

Dirección:

Enrique Miguel Sánchez Motos

c/ Tinaja 5

28023 MADRID (Spain)

esm@adlc.es

Versión junio 2019

ÍNDICE

CONVERSANDO CON DIOS
sobre las claves del Universo

El mundo ha cambiado drásticamente en las últimas décadas. El siglo XXI muestra rasgos claros, a veces inquietantes, de que una nueva era quiere y va a comenzar. Las ideologías se transforman, el poder se desplaza de unas zonas del mundo a otras, los fenómenos migratorios se intensifican, el papel de las religiones cambia, las relaciones hombre-mujer evolucionan, etc.

La astrología anunciaba, ya hace tiempo, el inicio de la nueva era, la era Acuario. La anterior, Piscis, que corresponde a la era cristiana, estuvo regida, según la astrología, por la emoción que oscilaba entre el fanatismo y la dulzura, entre la Inquisición y el misticismo. La era de Acuario será muy diferente. Se caracterizará por la racionalidad serena y por su objeto, la verdad, la luz, que permitirá dirigir las emociones por el camino correcto. Un autentico humanismo, centrado en el hombre real, surgirá. Por ello, muchos consideran a Acuario como la era del Hombre, la era en la que éste se reencontrará con la esencia divina escondida en su interior e, incluso, con el propio Dios.

Estamos en una época en la que hay que llamar, llamar y abrir los ojos. Dios, si existe, está a nuestra espera y anhela encontrarse con nosotros. Las perspectivas son muy esperanzadoras tanto para el individuo como para la sociedad en su conjunto, aunque la actual intensificación de los conflictos individuales y colectivos, parezcan sugerir lo contrario. No obstante, no hay que tener miedo a las realidades conflictivas porque la experiencia demuestra que todo cambio de era suele venir acompañado de un periodo intenso de crisis, al igual que la oscura tormenta precede a la luminosa calma. Lo importante, lo esencial es tener visión y no perder la esperanza.

La Naturaleza ofrece sus frutos como resultado de una combinación de factores. Por un lado, está el esfuerzo humano empleado en labrar, abonar, regar, podar y, en suma, cuidar de las plantas y árboles y, por otro, la propia naturaleza de cada vegetal, su particular forma de crecer, asimilar y fructificar. Unos precisan un clima húmedo, otros un cierto grado de sequía; unos, calor intenso; otros, un mínimo de horas de frío.

Los libros son algo parecido. Son también el resultado de una combinación de factores. Unas veces es el autor quien lo impulsa, quien hace un esfuerzo para que las ideas afloren a su mente. Otras, parece como si algo o alguien guiara su mano y dictara el texto; como si alguien, como decía Tolkien, le narrara una historia ya acontecida o una enseñanza ya escrita.

El presente libro responde a este segundo tipo. Todo empezó de forma fluida, como si alguien hiciera aparecer en mi mente un diálogo que yo me limitaba a plasmar por escrito. Así ocurrió con una gran parte del libro. Después, hubo también periodos en que no me venían nuevas ideas, posiblemente debido a que otras ocupaciones llenaban mi tiempo, cerraban mis oídos y me impedían percibir. Hubo momentos en que hice esfuerzos por ponerme en posición de escucha, pero debo reconocer que cuando lo hice de forma verdadera, sumergiéndome en un silencio tranquilo y relajado, pronto se reiniciaba el diálogo con ese alguien,

Dios, a quien desde hace mucho tiempo me siento tan unido. Su fuerza, Su paz, Su poder y Su dulzura fluían, se manifestaban. Estoy convencido, lector, de que todos podéis percibir lo mismo. Así se construyó este libro, que empezó tal y como te cuento ahora.

* * *

INTRODUCCIÓN

Estaba de vacaciones en un pequeño pueblo del interior de Almería, lleno de sol, seco, luminoso, con un brillante cielo azul y decidí entrevistar a Dios. Ya me había rondado por la cabeza esa idea hacía unos meses y sentí que había llegado la hora de ponerla en práctica.

Quería escuchar las respuestas en mi propia mente y también en la mente de otros hombres, en la historia, en la naturaleza y, sobre todo, en Dios. No quería que las respuestas fueran un mero ejercicio de reflexión filosófica personal. Deseaba, ante todo, entrevistar a Dios. Quería que El me diese las respuestas, criticando o confirmando las ideas de otros, aclarando mis dudas y los interrogantes que solemos hacernos.

Partía de una hipótesis, en realidad de una convicción: Dios existe. Sin embargo, como buen rebelde siempre he dejado y dejaré la puerta abierta a quienes me convenzan de lo contrario, con la condición de que su alternativa sea satisfactoria. Por ello también esperaba que Dios, a través de las respuestas que pusiera en mi mente y en mi pluma, contribuyera a confirmar Su existencia. No se me ocultaba que tal vez, tanto mis preguntas como las posibles respuestas podrían estar teñidas por mis búsquedas y mis vivencias personales, pero quise estar abierto a los nuevos enfoques, a las nuevas aportaciones que Dios quisiera darme.

Mi vida ha estado orientada hacia la búsqueda de respuestas. Algo me empujaba por ese camino. Hasta los 17 años, como niño y como adolescente, había creído en un Dios confesional.

Después me aparté de mis raíces religiosas tradicionales porque no encontraba en ellas respuestas sólidas y coherentes. Viví, entonces, un intenso periodo de búsqueda y de experiencias, en el que Dios era simplemente una hipótesis más. Lo que veían mis ojos, lo que me enseñaba la ciencia, no me ofrecía una explicación suficiente y completa de la realidad humana. Por ello no rechazaba lo metafísico, lo esotérico, pero tampoco estaba dispuesto a dejarme llevar por la magia de sensaciones esporádicas que no fueran constatables de forma continuada en el día a día y que no se vieran apoyadas por alguna explicación lógica.

A los 28 años, tuve la gran experiencia de descubrir a Dios, racional y emocionalmente a la vez. Me había esforzado y vino a mi encuentro, aunque probablemente no sólo por mis méritos individuales. Después me ayudó en momentos de crisis para llevarme por el camino de la verdadera libertad. Respondió a mis retos cuando le reté y siento que me ama. Todo ello me llevó a tener con él este diálogo abierto y público.

Pretendí iniciar mi entrevista en la iglesia de la Plaza central del pueblo. Allí me dirigí buscando la intimidad y el silencio, pero en ese momento estaba abarrotada, pues se estaba celebrando una misa "de corpore in sepulto", el ritual tradicional cristiano previo al entierro. No me pareció oportuno quedarme allí pues mi propósito era hablar con Dios y no, con todo respeto al difunto, asistir a un funeral. Por ello regresé a casa y allí, viendo desde el balcón la iglesia y el Ayuntamiento, empecé este diálogo con vocación de universalidad porque Dios no es monopolio de una determinada confesión religiosa. Dios o es de todos o no es de nadie y además es un Dios de vida y no de muerte.

Me resultaba simbólico no haber podido empezar mi conversación con Él en la iglesia ni ante un muerto. Me pareció que Dios me insinuaba algo con ello, como si quisiera recordarme su universalidad y su carácter de ser vivo Me adentré en mí mismo, en mi silencio, y desde allí me puse a formularle preguntas y a recibir sus respuestas que hicieron volar mi pluma con ansiedad e intensidad. Dios me venía al encuentro.

1. LA LIBERTAD Y LAS RELIGIONES

Hola, Dios. Te han llamado de muchas maneras: Todopoderoso, Supremo, Creador, Excelso, Rector, Omnipresente, etc. pero todos estos calificativos te hacen distante y me alejan de ti. Ya que estamos en el siglo XXI preferiría llamarte de una manera más próxima, más informal; ya ves que me he permitido incluso tutearte. ¿Cómo quieres que te llame: ¿Dios, Padre, Madre, Hermano, Amigo?

Todos esos calificativos me corresponden. Todos ellos reflejan aspectos de mi auténtica realidad, pero yo también anhelo proximidad. Deja que tu corazón fluya. No te preocupes de las formas. Siéntete libre y disponte a gozar de este momento al igual que yo también lo voy a hacer. Me encanta que te hayas dirigido a mí. Sé que te has preparado para ello. Espero además que esta conversación anime a otros a entablar también una relación personal conmigo.

Vale. Utilizaré un tono próximo y directo. Te haré preguntas concretas y espero que tus respuestas me sean fácilmente comprensibles.

Dios, tengo entendido que nada sucede por azar, que todo tiene un por qué, una razón. Había pretendido iniciar este diálogo contigo en la Iglesia, pensando que el ambiente religioso podría facilitar la comunicación, pero me he encontrado con que se estaba celebrando un funeral multitudinario previo al entierro: ¿Has querido decirme algo al impedirme que empiece este diálogo dentro de la iglesia?

Hijo mío, las iglesias, los templos son, en general, centros de buena voluntad para buscarme, pero yo estoy en todo lugar y en todo lugar puedes encontrarme. No has tenido sitio ahora allí en la iglesia en la que se celebraba un funeral. Con ello te he querido decir que yo soy el Dios de los vivos, no de los muertos.

La muerte no existe para mí. En torno a mí todo es vida, dinamismo, crecimiento, expansión. Tanto así, que, si en esta entrevista algunas respuestas carecieran de vida, debes preguntarte si el que está respondiendo soy en verdad yo o si, por el contrario, se trata de tu propia imaginación.

Me parece que la entrevista va a ser larga. Apenas has empezado y ya tu primera frase me suscita múltiples preguntas adicionales.

Es normal. La sabiduría es una pero las preguntas y las respuestas son infinitas. Por eso te aconsejo que siempre, como condición, busques la esencia de todo. No olvides que la esencia de la Verdad es sencilla y comprensible por todos. Cuando algo te parezca demasiado complejo piensa que tal vez te hayas perdido en los detalles y que has dejado atrás lo esencial. O, lo que es peor, que te has alejado de la verdad.

Te oigo desde mi corazón, pero tengo la duda de si las respuestas me las estoy dando yo mismo. ¿Cómo sabré que eres tú el que me hablas?

No lo sabrás hasta que un día lo sepas.

¡Caramba! ¡Vaya respuesta! Me recuerda un chiste que se contaba respecto a tu hijo Jesús...

Cuéntamelo.

Me da un poco de apuro, pero ya que me lo pides.... Iba Jesús con sus discípulos y le pregunta uno de ellos: "Maestro, ¿tú quien eres? Y Jesús le responde: "Yo soy el que soy y vengo a lo que vengo". Entonces Pedro dice:

"Desde luego, Maestro, si te seguimos es por lo bien que te explicas".

Ja, ja, ja. No está mal. Siempre hay que tener sentido del humor, pero, bromas aparte, lo cierto es que las respuestas profundas pueden parecer oscuras en muchos casos. Sin embargo, obligan a reflexionar sobre el significado de los conceptos que contienen y eso ayuda a entender mucho mejor las ideas.

Tal vez. Pero tú me has dicho "no lo sabrás hasta que un día lo sepas" ¿No es eso un mero juego de palabras?

Saber es una palabra que se utiliza con muchos matices y grados. Es muy frecuente que vosotros, los humanos, aceptéis un nivel de conocimientos muy superficial. En demasiados casos dais por buena la opinión de alguien a quien otorgáis autoridad y con eso creéis que sabéis. Aceptáis las conclusiones a que otros han llegado a través de un proceso de razonamiento, sin haberlas analizado personalmente y, por tanto, sin haber comprobado si tienen, o no, fallos. En esos casos creéis que sabéis, pero ¿SABÉIS de verdad? Es muy probable que ese saber sea mera apariencia y que, en muchos casos, estéis equivocados. Por eso te he dicho que sólo cuando sepas de verdad, podrás saber si soy yo, o no, el que ahora te habla.

Difícil me lo pones.

No. Te lo pongo fácil, aunque obviamente es un tema difícil. Un pensador español, Ortega y Gasset, dijo: *"El ser humano es ese animal tan extraño que, antes de ser lo que es, necesita averiguarlo"*[1]. Y tenía razón. Los seres humanos estáis hechos para ir siendo en la medida en que hacéis aflorar vuestro ser. Es decir, sois en la medida en que

---

[1] Nota del autor. Ortega y Gasset en "En torno a Galileo"

15

os hacéis conscientes de vuestro yo profundo, en la medida en que vais averiguando y realizando vuestro ser. Existís, pero no os dais cuenta de vuestra esencia. En fin, si te parece bien continúa con tu entrevista y más adelante volveremos sobre este tema.

De acuerdo. Has dicho que las iglesias, los templos, son centros de buena voluntad para buscarte. Sin embargo, las iglesias, tanto cristianas como no cristianas, han participado o promovido guerras santas, no para defender la verdad, sino para tratar de imponer nuestra verdad a los demás.

Lo que he dicho es que las iglesias, los templos, son, en general, centros de buena voluntad. Eso no quiere decir que yo de por bueno todo lo que hacen. No basta con la buena voluntad. En nombre de ella se han hecho grandes barbaridades. Ahora bien, me refiero a la realidad actual, no al pasado histórico.

Hoy, reitero, las iglesias, los templos del mundo son mayoritariamente, aunque también haya grupos fanáticos, centros de buena voluntad que no preconizan el uso de la violencia para imponer su verdad a los demás, sino que buscan, con mayor o menor acierto, encontrarme.

Pero, aunque sea pacíficamente, tratan de imponer su credo a los demás.

Lamentablemente eso es cierto en muchos casos y me causa dolor. Aún hay muchas Iglesias o confesiones religiosas que confunden la indicación que les dieron sus fundadores de difundir su mensaje con un cheque en blanco para imponer su credo a los demás. Usan su poder económico, político y social, lo cual es en cierta manera una forma de imposición, para lograr mantener y ampliar su rebaño. Pretenden ser mis representantes exclusivos, los

16

únicos "políticamente correctos" y con ello no están a la altura de la era actual que estamos viviendo.

Sin embargo, tu hijo Jesús dijo "Id por todo el mundo y enseñad el Evangelio. Quien crea y se bautice se salvará y el que no se condenará"[2]. También dijo "No se ha hecho la luz para ponerla debajo del celemín sino en lo alto del candelabro para que alumbre a toda la casa"[3] ¿Acaso no estaba con ello animando a sus seguidores a hacer proselitismo?

La palabra proselitismo, o "acción de lograr prosélitos o seguidores", se ha cargado de connotaciones negativas. Hoy en día ninguna organización religiosa reconoce que hace, o quisiera hacer, proselitismo. Sin embargo, a nadie le parece mal que los clubes de fútbol, los partidos políticos, las asociaciones de vecinos, etc. hagan proselitismo, es decir, campañas de propaganda para conseguir afiliados. ¿Por qué no lo deberían hacer las Iglesias? En realidad ¿qué hay de malo en ello? ¡Nada! Absolutamente nada. Lo malo no está en hacer proselitismo sino en el cómo se haga.

Difundir las ideas que uno cree que son positivas para los individuos y para la sociedad es una labor encomiable. Es esto lo que Jesús propuso. El ser humano lo hace constantemente. Los padres intentan transmitir sus ideas y valores a sus hijos, los colegios a sus alumnos, los gobiernos a la sociedad a través de sus planes educativos. Todo proselitismo, si se hace sin coacción, lo único que se está haciendo es ejercer el derecho de libertad de expresión para comunicar ideas, valores, pautas de conducta, puntos de vista.

---

[2] Mr 16:15

[3] Lc 8:16

Hay gente que frívola o interesadamente acusa a otros de hacer proselitismo y no se dan cuenta de que ellos a su vez incurren en un proselitismo muy negativo que consiste en descalificar a todo grupo que pretenda difundir ideas novedosas y, en suma, en coaccionarles para que no puedan ejercer su derecho de libertad de opinión y expresión. Hacen un proselitismo anti proselitista, pero, en suma, un proselitismo que pretende inculcar un punto de vista determinado.

Me estás resultando un Dios muy moderno. Pareces un ardiente defensor de los derechos humanos.

Yo soy el que siempre he sido y seré. Mi esencia ha sido y será siempre la misma. ¿Qué es lo que hay detrás de los derechos humanos? ¿De dónde provienen? Si escarbas, detrás de ellos encontrarás los anhelos de libertad y armonía propios de tu naturaleza humana, que en realidad provienen de tu naturaleza divina ya que de mí habéis emanado. Por eso, no renuncies nunca a tu libertad de pensar y opinar. Es sagrada.

Una cosa es la teoría y otra la realidad. El proselitismo religioso conlleva coacción prácticamente siempre. Aun en el caso de las Iglesias pequeñas que carecen de poder político o social, es indudable que te coaccionan, psicológicamente, con el temor al infierno o al castigo eterno, si no crees en las enseñanzas o normas que pregonan.

¿Y qué habría que hacer? ¿Prohibirles que hablen del infierno? Mira, hijo mío, la libertad de opinión es esencial para que el ser humano sea lo que en su esencia es. Si se optara por prohibir que las religiones expliquen su concepto de cielo o de infierno, so pretexto de que pueden infundir temor a sus seguidores, también habría que prohibir a otros pregonar el ateísmo, so pretexto de que afirmar que el ser humano es mera materia y que todo se acaba después de la muerte, puede producir angustia y temor ante la muerte. Pero si se empieza prohibiendo a las religiones expresarse y al ateísmo difundir sus ideas, ¿qué otra cosa no se prohibirá después?

Siempre habría argumentos para prohibir a los demás expresar sus ideas porque no gustan, o porque son ilógicas, etc, etc. La Humanidad no debe caer nunca más, bajo ninguna excusa, en la trampa de prohibir ningún tipo de opinión. Poner obstáculos a la libre opinión es bloquear el camino que conduce a mí.

¿Vale entonces toda opinión, aunque sea para negarte, rechazarte o calumniarte?

Ninguna sociedad madura debe coaccionar la libertad de expresión del hombre, y por supuesto, si opinan que no existo o que soy un Dios malvado, también hay que respetar su derecho a opinar.

Pero ¿acaso somos nosotros una sociedad madura? Pienso que no y mientras no lo seamos ¿no convendría poner algunos límites a la libertad de expresión del ser humano? Bueno, mejor no me respondas ahora. Ya volveré más tarde sobre el tema de la libertad. Regresemos a la cuestión inicial: el papel de las Iglesias en la actualidad. ¿Por qué consideras que las iglesias y los templos son, en general, centros de buena voluntad?

A priori, la inmensa mayoría de lugares de culto, se las denomine iglesias o templos, impulsa al ser humano hacia su realidad interior. La oración, la meditación, son métodos para abrir la mente de los fieles a fin de que se preparen para que mi voz les llegue. Las instituciones religiosas pretenden, con carácter general, hacer mi voluntad. Cierto es que pueden malinterpretarme, o que sus hechos no sean coherentes con sus palabras, pero todas las religiones tienen la misma regla de oro de comportamiento ético social: *"ama al prójimo como a ti mismo"* dice el Evangelio; *"lo que no quieras que te hagan a ti, no se lo hagas a tu prójimo. Esa es la esencia de la Torá; el resto es sólo comentario"* se dice en el Talmud judaico; *"ninguno es un auténtico creyente hasta que desea para su hermano lo que quiere para sí mismo"*, dice el islam; *"esfuérzate al máximo por tratar a los demás como quieras ser tratado y observarás que ese es el camino más corto hacia la benevolencia"* dice el confucionismo, etc, etc. Todas las religiones incluyen el precepto de respeto y amor al prójimo y deben usarlo como eje central de su actuación.

Y ¿cómo explicas que a pesar de esa regla de oro se hayan producido en la historia tantas guerras, luchas y persecuciones por meras discrepancias religiosas?

Hice al ser humano libre para decidir y por tanto responsable de las consecuencias de sus actos. Todas las instituciones humanas, religiosas o no, deben tomar sus decisiones. En unos casos sus actuaciones han ido en la buena dirección. En otras ha primado el deseo de imponer un determinado criterio o de dominar a los demás, so pretexto de la superioridad de una determinada concepción, religiosa o no. Cuando olvidan la regla básica de amar al prójimo se transforman en falsas religiones que bloquean el camino de progreso del ser humano

Tu respuesta parece equiparar la responsabilidad de todas las instituciones humanas, sean religiosas o no. ¿No hay ninguna diferencia entre una Iglesia y una Asociación cultural, una ONG? ¿Son acaso también las Iglesias instituciones humanas? Siempre había oído decir que eran instituciones divinas.

Todo lo que hace el hombre es, por definición, humano y, al mismo tiempo, todo lo que el hombre hace, centrado en mí, es divino. En realidad, cuando el ser humano me descubra, cuando se re-ligue conmigo, todo lo que haga será divino. No habrá diferencia entre lo humano y lo divino. Hay algunas ONGs cuya actividad manifiesta una profunda religiosidad mientras que hay actuaciones de algunas Iglesias que carecen dc cspiritualidad y de vida.

Los fundadores de las grandes religiones fueron personas inspiradas por mí. Difundieron un mensaje que se plasmó en instituciones, originariamente centradas en mí. Pero el carácter divino de una institución sólo es real en la medida en que sus actuaciones sean divinas. Ninguna institución puede arrogarse ante mí el título de institución divina salvo que realmente me tome como centro permanente de su actuación.

Te encuentro muy progresista, mi Dios.

En efecto, soy muy progresista porque soy profundamente conservador. ¿Qué cosa es más conservadora que manifestar mi incambiable naturaleza original? Cuando el ser humano se aleja de mí, degrada su naturaleza y la corrompe. En la medida en que retorna a mí, progresa. Por eso, los términos conservador y progresista, como muchos otros, dan lugar a interpretaciones confusas que utilizáis como armas arrojadizas. Yo, que soy Dios desde siempre, afirmo que resaltar lo divino es verdaderamente progresista.

Nunca hubiera pensado que las Iglesias, siempre tan conservadoras, pudieran ser las abanderadas del progreso.

Sin embargo, puede ser así, si las religiones buscan, decididamente, mi esencia. No hay que tener miedo a lo chocante, a lo que va contra corriente. Lo único que debéis rechazar es lo falso, la mentira, todo lo que carece de auténtica sustancia divina. Observa que he dicho rechazar, no temer. No hay que temer a la mentira si se ama la verdad pues, como dijo Jefferson, *"quien no tiene miedo de la verdad no debe tener miedo de la mentira"*. La verdad puede poner la mentira al descubierto y derrotarla. Es tiempo de cambiar las cosas. Busca lo divino y rechaza lo que no lo sea. No tengas miedo.

Según eso no habría nada bueno al margen de lo divino.

Efectivamente. La bondad y la armonía se encuentran en lo divino. Cuando algo es bueno, armonioso, bello, no está haciendo otra cosa que mostrar su esencia original, su esencia divina, mi existencia. Todo lo que existe manifiesta, o está llamado a manifestar, la esencia divina.

Entonces, ¿no hay religiones buenas y malas? ¿No hay religiones verdaderas y falsas? ¿No hay Iglesias y sectas?

Un momento. Haces varias preguntas a la vez que no plantean el mismo tema, aunque pueda parecerlo. Incluyen temas cruciales sobre el bien y el mal, lo verdadero y lo falso, que hay que abordar específicamente y en profundidad. No obstante, me parece que la intención básica de tu pregunta está orientada a distinguir si hay religiones (o Iglesias) mejores o peores que otras...

Sí, así es. ¿Podrías darme una respuesta sintética, sencilla, sin perjuicio de que más adelante entremos en profundidades filosóficas?

De acuerdo. Intentaré ser casi telegráfico. Primero, no todas las Iglesias (o religiones) tienen el mismo nivel de bondad. Unas son mejores que otras, en la medida en que su práctica moral y ética encaja más con mis principios.

Segundo. El nivel de verdad que tenga una Iglesia o religión determinada puede no ser paralelo a su nivel de bondad. Su nivel de verdad depende de que sus enseñanzas reflejen, o no, mis principios, pero su nivel de bondad depende de su actitud y de su conducta. Puede haber Iglesias cuya percepción intelectual de la esencia divina sea más completa pero cuyo comportamiento esté lejos del nivel de bondad que conlleva la esencia divina. Ocurre con ellas lo mismo que con los individuos. El que más conocimiento tiene no es necesariamente el más bondadoso.

Tercero. Diferenciar entre Iglesias y sectas suele basarse en la arrogancia de quien se cree superior. Así ha sido históricamente. En Hechos de los Apóstoles puedes ver como Pablo, para defenderse de las acusaciones de los judíos, decía al procurador Félix: *"Te digo que sigo fielmente la fe de mis padres, siguiendo el camino que ellos llaman secta"*. En suma, secta es un concepto ambiguo, cargado de connotaciones peyorativas, que usáis generalmente para señalar a las Iglesias o grupos religiosos que no son "políticamente correctos".

Los cristianos fueron una secta hasta que Constantino, tras casi cuatro siglos de persecuciones, los reconoció como políticamente correctos. Los católicos son, actualmente, minoritarios en Bulgaria y Grecia donde son tildados de secta. Los mormones no son secta en el Estado de Utah (USA) donde son mayoría, pero sí en muchas otras partes del mundo. Los Hare Krisna son respetados en la India y ridiculizados en Europa, etc. etc. Los ejemplos son múltiples. Por todo ello te digo: nadie que verdaderamente hable en mi nombre se arroga el poder de descalificar, salvo que existan motivos concretos, a los demás grupos religiosos que son sus hermanos y que, en principio, comparten el propósito de encontrarme.

¿Qué mensaje enviarías a las Iglesias?

Les doy un mensaje paralelo al que Jesús dio a sus discípulos: Cooperad, *"porque donde hay dos o tres reunidos en mi nombre, allí estoy yo en medio de vosotros"*. Yo les digo: Iglesias y religiones cuando varias estéis reunidas en mi nombre, tened por seguro que allí estaré yo en medio de vosotros. Pero ¡ojo! no os equivoquéis, aseguraos de que os reunís verdaderamente en mi nombre y de que vuestros planes recibirían mi visto bueno. No me atribuyáis proyectos o intenciones que no sean coherentes con mi esencia de paz, amor y armonía.

¿Cómo lograr lo que las religiones llaman la salvación? ¿Qué papel, qué responsabilidad cabe al individuo humano? ¿Por qué unos tuvieron la oportunidad de vivir en la época de Jesús y en su entorno geográfico y a otros les ha tocado tener que esperar a la Segunda Venida?

Son muchas y muy importantes preguntas. Te propongo respondértelas en orden. Primero te explicaré quién soy yo, cual es mi estructura interna y, después, pasaremos a otros temas tales como el proceso creador, el propósito del ser humano, etc.

2. ¿CÓMO ERES, DIOS?

Dios, en el colegio siempre nos hablaban de ti como algo o alguien al margen de toda posibilidad de compresión. Me gustaría tener un concepto más claro sobre ti.

Lo que te decían en el colegio no era sólo una versión para niños. La realidad es que muchos intelectuales y filósofos actuales te dirían más o menos lo mismo. Muchos sostendrán que, en todo caso, se puede hablar de mi existencia, pero no de mi esencia, lo que equivale a decir muy poco de mí. Decir de un ser que existe es decir muy poco de él. La **existencia** es la primera cualidad de la esencia, pero **no es toda** la esencia de un ser. Habría que añadir cómo es, qué lo mueve, etc. Por eso aprovéchate y pregúntame todo lo que quieras sobre mí. Estoy ansioso de responder a todo lo que te interese.

Cuando les diga a mis amigos que Dios, el incognoscible, me está ofreciendo responder a mis preguntas sobre él mismo no se lo van a creer.

Hay tantas cosas que cuesta creer… Te propongo un método de trabajo. Yo te doy las respuestas, se las comunicas a tus amigos y que ellos decidan si vas, o no, por un camino razonable. Empecemos por cómo soy yo.

Los científicos han afirmado que la energía ni se crea ni se destruye; sólo se transforma. Tienen razón. Igual cabe decir de mí y, en función de ello, descubrir mi esencia. Recuerda las palabras de Pablo en su epístola a los Romanos *"Porque desde la creación del mundo, lo invisible de Dios, su eterno poder y divinidad se pueden descubrir a través de las cosas creadas. De manera que son inexcusables"* Por tanto, a través de las cualidades, de las características esenciales de todo lo que ves podrás conocerme ¿Qué observas tú en la Naturaleza que te rodea? ¿Qué tipos de seres la constituyen?

Veo minerales, vegetales, animales, seres humanos.

Muy bien. Todos ellos son distintos grados de mi manifestación, de mi esencia. Al igual que podemos encontrar el agua en tres estados: sólido, líquido y gaseoso, mi esencia la puedes encontrar como mineral, vegetal o animal. Cada animal, cada vegetal y cada mineral son parte de mí. Cuando mueren o se transforman siguen existiendo en otro estado, dentro del ciclo de la Naturaleza. Las plantas absorben los minerales del suelo y los gases del aire. Los animales ingieren las plantas y las transforman en parte de su cuerpo. Los seres vivos mueren y vuelven a la tierra, aportándole sus minerales y su materia orgánica y así continua el ciclo biológico.

Por tanto, el panteísmo estaba en lo correcto: todo es Dios.

No exactamente. Todo lo que ves emana de mí. Tiene mi esencia en mayor o menor grado, pero yo soy algo más que la suma de todo, al igual que el artista es algo más que su obra. El que todos los seres tengan esencia divina no quiere decir que el conjunto de ellos sea el Ser Original, el Dios original que soy yo. Para que te quede más claro: tus cabellos, tus manos, son manifestaciones de ti, pero tú eres algo más que tus cabellos y tus manos. Todos los seres tenéis esencia divina porque habéis salido de mí, pero no sois yo, el Dios Original, el Ser Primero. La esencia de todo lo que ves está en mí. Por eso, al igual que tú, yo también tengo individualidad y consciencia de mí mismo.

26

Por el contrario, el panteísmo, considera a Dios como un Ser impersonal; como una mera energía viviente sin consciencia de sí ni individualidad ni yo. El panteísmo considera a Dios como un ser muy diferente del que ahora te está hablando. Ahí está su fallo principal.

En la tradición judeocristiana apareces como un Dios Padre, con una presencia nítidamente masculina. Sin embargo, en otras culturas también se habla de deidades femeninas o de un Dios Madre. ¿Qué eres tú: masculino, femenino o neutro?

Mi esencia se manifiesta en el mundo visible. Analiza lo que ves en la Naturaleza y encontrarás la respuesta. Por ejemplo, en los seres humanos, hay hombres y mujeres, ¿encuentras algo similar en los reinos animal y vegetal?

Sí. En los animales, hay machos y hembras y, en los vegetales, partes masculinas y femeninas, el estambre y el pistilo. Incluso en algunas especies de árboles, hay árboles que son sólo masculinos y otros sólo femeninos como, por ejemplo, el caso de la palmera datilera.

Muy bien. Veo que tienes conocimientos de botánica. En los minerales puedes observar algo similar. En las substancias hay moléculas con carga negativa (aniones) y moléculas con carga positiva (cationes). A su vez las moléculas están constituidas por átomos, unos con valencia positiva (por ejemplo, el sodio) y otros con valencia negativa (el cloro). En los átomos hay partículas con carga positiva (protones) y con carga negativa (electrones)

En conjunto llevan a una conclusión: todos los seres manifiestan la dualidad de masculino y femenino, positivo y negativo. Lo masculino y lo femenino están en la esencia de todos los seres. El pensamiento oriental percibió el Yang y el Yin como los aspectos esenciales del Tao, es decir de lo que entendían que era la Esencia Original. Yo, según ellos era el Tao, constituido por el Yang y el Yin. Sin embargo, les faltó ir más allá y percibir un aspecto aún más fundamental de mí y que también se refleja en la Naturaleza.

No caigo. ¿A qué aspecto te refieres?

En todos los seres, además de la dualidad de masculino y femenino, además del Yin y del Yang, hay también otra dualidad más importante aún, la dualidad sujeto-objeto. Te explico.

En todos los seres de la naturaleza se puede observar la existencia de dos partes: una parte objeto (el cuerpo, las moléculas, las partículas) que es dirigida y una parte sujeto (mente, mente instintiva, fuerzas de atracción, etc) que dirige. Así, en cada ser humano encuentras un cuerpo físico que obedece a su mente. Le ordena a un brazo que se levante y se levanta, a los ojos que se cierren y se cierran, y así sucesivamente.

Algo parecido ocurre en el reino animal cuyo cuerpo físico obedece a las órdenes de su mente instintiva. De igual manera los vegetales funcionan respondiendo a las órdenes de un programa interno que les hace realizar la fotosíntesis cuando hay luz y paralizarla cuando no la hay, detener la circulación de la savia en invierno, florecer en primavera, dar fruto después, etc. Cada especie tiene un programa interno propio que hace que de una semilla de habichuelas brote una planta de habichuelas y de una de garbanzos una planta de garbanzos y que cada planta tenga unas determinadas características y cualidades.

O sea, me estás diciendo que en todos los seres hay una parte que dirige y otra que es dirigida.

Así es. Inclusive en los minerales puedes observar también la existencia de un programa interno que actúa sobre la parte propiamente material. Por ejemplo, en las moléculas están las fuerzas de atracción molecular que mantienen unidos los cationes y los aniones, así como las fuerzas de atracción que mantienen unidos a los átomos que los componen.

También en los átomos cabe encontrar esos mismos dos aspectos: por un lado, están las piezas que los componen (neutrones, protones y electrones) y por otro las fuerzas de atracción atómica que permiten que el átomo permanezca como tal. Incluso en las partículas puedes encontrar esas dos partes: una sería la energía (materia) de que están hechas y otra una fuerza que mantiene esa energía bajo forma de partícula, evitando que se fragmente y desaparezca.

Tiene lógica lo que dices. Por tanto, en todo ser hay dos partes, una que dirige y otra que es dirigida. Algo así como una mente y un cuerpo en cada uno. Ahora bien, como todos provenimos de ti y hemos heredado tus cualidades básicas cabría pensar que tú también tienes dos partes, una Mente y un Cuerpo.

Efectivamente, en mí existen dos partes: una parte sujeta que dirige y en la que se halla mi Yo, las ideas, las leyes, los principios del Universo y una parte objeto que es dirigida, en la que radica la energía original, la esencia de todas las energías. Por tanto, Yo estoy constituido por una parte sujeta que puedes llamar mi Mente o espíritu y por una parte objeto, que sería mi Cuerpo, la energía-materia. Ambas partes están inseparablemente unidas.

Entonces no eres el Espíritu puro que imaginaban los escolásticos en el siglo XI...

Efectivamente. Además de la parte que ellos llamaban "espiritual" hay en mí una parte "material", constituida por la energía original de la que hice surgir la materia que ahora veis. El más grande de los escolásticos, Tomás de Aquino, no llegó a percibir esta verdad. Siguiendo las ideas de su época, consideró que la putrefacción de la materia o su falta de lisura o de esfericidad eran una "impureza" y que por tanto todo lo material era impuro.

Entonces para ponerme en lo más alto quiso resaltar mi inmutabilidad, mi "pureza" diciendo que yo era Espíritu Puro sin mezcla alguna de materia. Entonces, para explicar la existencia del Universo y de todo lo creado dijo que yo había sacado la materia de la nada. Ideó *la "creatio ex nihilo"*, o creación de la nada. Pretendía con ello subrayar que mi naturaleza era tan elevada que no tenía nada que ver con la materia perecedera mutable y corrompible. Por ello la materia no podía proceder de mí mismo; yo la habría sacado de la nada. Fue gentil conmigo, pero se equivocaba.

Si Tomás de Aquino no estaba en lo cierto, si no la creaste de la nada ¿de dónde sacaste la materia de todos los seres?

Todo surgió de mí, de mi Energía Original, a través de la transformación de la energía primigenia en materia. No hay nada impuro en la materia.

O sea que todos los seres que existen son energía.

Sí, pero no sólo energía tal y como se entiende habitualmente. La energía, que es la esencia de la materia, provendría de lo que podríamos llamar mi cuerpo, pero, además, en todos los seres hay algo que proviene de lo que podrías llamar mi espíritu o mente, esto es, principios, leyes, prototipos, sentimiento, inteligencia, voluntad, consciencia del yo (y anhelo de alegría).

Todos los seres, además de energía, contienen una aplicación de mis principios y leyes básicas a prototipos o modelos determinados, que emanaron de mí. Asimismo, están dotados, en diversa medida, de un grado particular de sensibilidad, inteligencia, voluntad y, en el caso de los seres humanos, de consciencia de sí mismos. Todo esto da lugar a los diferentes reinos de la Naturaleza y dentro de ellos a las distintas graduaciones de los seres y a las especies.

Dios, lo que me dices me resulta lógico y nada dogmático. Yo estoy hablando contigo y ello reafirma mi convicción de que existes. Sin embargo, muchas otras personas no han tenido esta vivencia que yo estoy teniendo. Sus razonamientos lógicos les han llevado a la convicción de que no existes y de que no hay nada después de la muerte. Ayer mismo recibí un manifiesto de una asociación atea ¿Qué les dirías tú para que cambien de punto de vista?

A todo buen padre no le debería preocupar lo que piensen o crean sus hijos, salvo en la medida en que ello pueda afectar a su felicidad. El problema está en que el error no conduce a la felicidad. La Verdad, en esencia, es una pero también tiene muchos aspectos secundarios que pueden ser percibidos de forma diferente sin que ello afecte a la Verdad. Son matices, percepciones, que siguen respetando lo esencial. Así, por ejemplo, la vista de las personas mayores no suele ser tan buena como cuando eran jóvenes lo que afecta a su percepción de la realidad física. Sin embargo, no tiene porque afectar a su comprensión de los valores básicos y a su actitud y por eso no debería afectar a su felicidad. El tener pequeñas, o coyunturales, dificultades de percepción no justifica perder el eje central de la sabiduría que es el que sustenta la felicidad.

Bien, entonces ¿es el ateísmo apenas un matiz, un aspecto secundario de la verdad?

No. Obviamente si hay, o no, vida después de la muerte y si yo existo o no, son aspectos básicos de la Verdad. Sin embargo, aún es más básico tener una actitud de apertura, de diálogo, de búsqueda y, ¿por qué no decirlo? de verdadero amor. Ahí es donde radica la esencia de la relación armoniosa y de la felicidad. Ahí es donde radica el problema principal de muchos ateos. Mira el manifiesto que has recibido. Empieza diciendo que *"el ateísmo es liberador, porque devuelve al hombre el gobierno y la responsabilidad de sus actos y de su destino"*. Después señala que lo suyo *"no es un proyecto contra dios sino un proyecto sin necesidad de dios"*. Hasta ahí ningún problema. Se trata de un mero ejercicio de su libertad de conciencia, de pensamiento y de opinión.

Sin embargo, a continuación, empieza a atacar a la religión diciendo que *"a la religión no le interesa el conocimiento de la verdad"* y que *"la moral que defienden y tratan de imponer las religiones al conjunto de la sociedad es una moral caduca e hipócrita"*. Estas generalizaciones, sin exclusión alguna, manifiestan dogmatismo e intolerancia, incurriendo así en el mismo defecto que atribuyen a las religiones. Por otra parte, parecen olvidar que el nivel más grande de terror que ha existido en la historia humana se ha dado en regímenes cuya ideología predicaba un ateísmo militante...

¿Qué se les podría decir a los ateos para orientarlos? ¿Qué les dirías tú?

Les diría lo que os digo a todos. Tened los ojos abiertos. Sed humildes. Buscad la Verdad también mediante la razón, intentando encontrar un esquema estructurado que de respuesta coherente a todas vuestras preguntas básicas; pero no os detengáis en la mera lógica. La Historia muestra reiteradamente cómo, en nombre de una presunta racionalidad, se han cometido espantosos crímenes.

Por ello, tomaros tiempo para contrastar las conclusiones a que os lleve la lógica con las experiencias de vuestra propia vida. No creáis ciegamente en la validez de vuestra *"verdad"*. Aseguraos de que respeta, en la práctica, los principios esenciales de la convivencia. No impongáis, si estáis hablando de libertad. Sed coherentes.

Una vez que estéis convencidos de una verdad, difundidla a los demás y dejad que os imiten, si así lo estiman conveniente. La serenidad y la paz son focos imprescindibles para que la Verdad pueda ser vista. Como decía Lao Tse *"oscurecer esta oscuridad, he aquí la puerta de todas las maravillas"*. Es decir, hay que oscurecer las tinieblas de la arrogancia, del dogmatismo, de la imposición. Despojados de ellas, la Luz verdadera aparecerá por la puerta.

Tus consejos son paternales y comprensivos, pero por este camino habrá que armarse de mucha paciencia para lograr cambiar la sociedad.

No te obsesiones por la velocidad del cambio social. Esfuérzate personalmente al máximo, pero no pretendas que la sociedad cambie a cualquier precio. Ello te puede inducir a adoptar medidas muy *"prácticas"* hoy pero equivocadas mañana. ¿De qué te vale imponer hoy un cambio que, dentro de 10, 40 o 70 años, vaya a ser repudiado por la sociedad? ¿En qué quedó la revolución comunista de 1917?

El mejor cambio es gradual y, sobre todo, debe empezar por el individuo. La intensidad del cambio dependerá de la intensidad del esfuerzo, pero siempre que se aplique en la dirección adecuada. Ten perseverancia. Prepárate para una carrera a largo plazo. Ese es el camino en el que se manifiestan los verdaderos héroes. Lucha contra la opresión y una vez que se haya creado un marco de diálogo en libertad, procura que el cambio social se efectúe de manera gradual y consensuada. No olvides que antes de cambiar debes tener claro hacia donde quieres ir, en especial, si pretendes realizar un cambio que pueda afectar al resto de los ciudadanos.

Dios, en este capítulo, me has presentado varias veces las palabras consciencia y conciencia. Quiero estar seguro de que las he entendido bien. He captado lo siguiente:

1. La consciencia es la capacidad que tiene el ser humano de entender, de conectar con lo que le rodea y saber que todo ello es algo diferente de el mismo pero que existe.

2. La conciencia es Tu voz, Dios, Tu luz, ese mensaje constante que nos habla desde dentro.

3. Tomar conciencia es la acción del ser humano mediante la cual, a través de su consciencia, se conecta con la conciencia o mensaje Tuyo y así se produce una profunda conexión Contigo.

Muy bien. Lo has entendido muy bien. Te añado algo, aunque saldrá más adelante: La toma de conciencia, o conexión fundamental conmigo se concreta en entender y poner en práctica el amor verdadero.

3. EL PROCESO CREADOR

Los descubrimientos científicos están aportando cada día nuevas luces sobre la historia del Universo. Stephen Hawking en su libro "Breve historia del tiempo"[4] hace un excelente resumen de los conocimientos actuales de la física. Señala también que el descubrimiento de que las estrellas y las galaxias se están alejando unas de otras ha llevado a la conclusión de que antes estuvieron más próximas y antes más próximas y así sucesivamente por lo que, en un remoto momento del pasado, todo el Universo habría estado compactado en un solo punto de masa y gravedad infinita.

En ese punto inicial se habría producido el Big Bang o Gran Explosión, dando lugar a un proceso de expansión de la materia. Al principio las temperaturas habrían sido altísimas, pero después, al producirse la expansión se habrían ido enfriando lo que habría permitido la condensación de la energía, por efecto de las fuerzas de atracción, en partículas, átomos, moléculas y sustancias, las cuales a su vez se habrían aglomerado en galaxias y sistemas solares. La expansión actual que han observado los científicos no sería otra cosa que la continuación de ese impulso inicial provocado por la Gran Explosión.

Voy a ver cómo Dios explica todo el proceso creador, teniendo en cuenta todos estos descubrimientos.

---

[4] Breve historia del Tiempo: Del Big Bang a los agujeros negros. Ed. Crítica. Barcelona 1988.

Dios, los científicos actuales explican el origen del Universo como consecuencia de un Gran Explosión que ocurrió en un punto central de la materia en un remoto pasado y que, después, por actuación de las leyes inherentes a la materia apareció todo lo que ahora vemos. Hawking incluso llega a decir que "las teorías que ya poseemos son suficientes para realizar predicciones exactas de todos los fenómenos naturales, excepto los más extremos" ...

Los científicos han descubierto que el Universo tuvo un origen, que no existió desde siempre. Esto es un descubrimiento acertado sin embargo suelen afirmar que todas las sustancias y seres que existen han surgido por la mera aplicación automática de las leyes inherentes a la materia. Esta explicación, aunque habría que hacer algunos matices, es válida para determinadas fases del proceso de creación del Universo. No obstante, hay dos puntos críticos a los cuales no dan respuesta. Primero, no explican por qué se produjo ese Big Bang en un determinado tiempo. ¿Qué fue lo que desencadenó la Gran Explosión? Segundo, no explican la complejidad de seres que existen en el Universo.

Respecto a la primera cuestión cierto es que hoy por hoy no existe una respuesta clara. Simplemente se ha constatado que fue así. Hawking sugiere la existencia de un ciclo de explosión (Big Bang) y contracción (Big Crunch) pero al mismo tiempo reconoce que sólo se trata, por el momento, de mera especulación.

Luego si no se ha encontrado aún ninguna respuesta indubitable, no deberían negar (y de hecho muchos no lo hacen) que el inicio de la creación del Universo pueda haber sido fruto de mi voluntad. Una cosa es que el proceso creador se haya realizado en el marco de leyes que los hombres estáis descubriendo y otra cosa muy distinta es que se haya realizado de forma espontánea.

Stephen Hawking se pregunta por qué has dejado evolucionar al mundo mediante leyes que podemos hoy entender y sin embargo has iniciado la creación de forma incomprensible. El mismo Hawking aventura que deben existir leyes que rijan antes del Big Bang.

Y tiene razón. Todo lo que existe debe ser comprensible, aunque, como es lógico, el descubrirlo lleva su tiempo. Todos anheláis que las relaciones con vuestros padres e hijos se desarrollen en la verdad, dejando de lado la mentira. A mí me ocurre igual. Sois mis hijos y deseo que todo lo que existe, todo lo que yo he creado, e incluso yo mismo, os sea transparente e inteligible.

Hawking dice que el Universo podría haber comenzado de diversas maneras y por tanto dado lugar a distintos tipos de universos pero que "si el Universo hubiera sido diferente, nosotros (los seres humanos) no estaríamos aquí" y añade" sería muy difícil explicar por qué el Universo debería haber comenzado como un Big Bang caliente excepto si lo consideramos como el acto de un Dios que pretendiese crear seres como nosotros"

De nuevo tiene razón en esa afirmación, aunque luego intente negarla. El Universo es así porque lo hice teniéndoos a vosotros como meta. El problema de Hawking es que intenta buscar una teoría que me excluya. Quiere llegar a una teoría que no requiera de mí para justificar la existencia de todo lo que existe.

Sin embargo, recuerda las conclusiones que él mismo formula en su libro: *"incluso si hay sólo una teoría unificada posible, se trataría únicamente de un conjunto de reglas y ecuaciones. ¿Qué es lo que insufla fuego en las* ecuaciones y crea un Universo que puede ser descrito por ellas? ¿Es la teoría tan convincente que ocasiona su propia existencia o necesita de un creador?"

Hawking es un gran buscador; por eso plantea que no sólo hay que descubrir cómo se creó el Universo sino también por qué. Y aún va más lejos pues reconoce que "nuestra meta es una completa comprensión de lo que sucede a nuestro alrededor y de nuestra propia existencia" En suma: cualquiera que lea bien el libro de Hawking, que tanto te gusta, debe darse cuenta de que pretende proponer algunas respuestas, pero también que reconoce que los interrogantes más importantes están aún por resolver.

Todo eso del por qué, y del anhelo de comprender todo, encaja en el marco de la filosofía, pero si es cierto que "las teorías que ya poseemos son suficientes para realizar predicciones exactas de todos los fenómenos naturales, excepto los más extremos" ... ¿No sería posible admitir que todo ha surgido como consecuencia del funcionamiento espontáneo de esas teorías? ¿No sería posible decir que todo ha surgido por evolución?

La afirmación de que las *"teorías que se conocen son suficientes para hacer predicciones exactas de todos los fenómenos naturales"* es más la manifestación de un deseo que una expresión del nivel de los conocimientos científicos actuales. Una cosa es que la ciencia conozca hoy muchas leyes del funcionamiento de la Naturaleza y otra cosa bien distinta es afirmar que ya conoce el proceso de cómo ha surgido todo. Hawking considera que la evolución es un hecho científicamente confirmado, pero conviene ser muy rigurosos al abordar este tema. ¿Qué entiendes tú por teoría de la evolución?

La realidad es que no todos los científicos la interpretan de igual forma. Coinciden en que la teoría de la evolución sostiene que todos los seres de la naturaleza han surgido como resultado del cambio y modificación de otros anteriores. Sin embargo, no todos están de acuerdo en cuál ha sido, o es, el motor o fuerza impulsora del cambio, aunque una mayoría considera que las mutaciones genéticas producidas por efecto del azar han sido, y son, el motor de la evolución.

Esa fuente de cambios habría intervenido junto al principio de supervivencia del más fuerte, o más adaptado, lo que habría facilitado (y facilita) el predominio de los seres que hubieran manifestado mutaciones ventajosas. Así éstas se habrían transmitido a sus descendientes y éstos habrían desplazado a los descendientes que no hubiesen heredado las características ventajosas. Después, con el paso del tiempo, la nueva especie más adaptada habría ido desplazando y sustituyendo a la antigua. La observación y la experimentación científicas han permitido constatar que el material genético experimenta mutaciones ocasionadas por radiaciones, sustancias químicas u otras causas. Estas mutaciones serían la causa de la aparición espontánea de nuevas razas y especies, los cuales, si resultaban más aptas para sobrevivir en el entorno, se multiplicarían y predominarían sobre las razas o especies anteriores.

Muy bien. Has expuesto de forma sencilla y clara la interpretación que la mayoría de los científicos hace de la teoría de la evolución. Sin embargo, esa opinión tan simple y aparentemente tan lógica se enfrenta con graves conflictos de racionalidad que creo que deberías revisar con espíritu abierto.

En primer lugar, las mutaciones producidas por efecto del azar son mayoritariamente perjudiciales para los nuevos seres vivos, en lugar de ser una ventaja para la supervivencia.

En segundo lugar, los propios científicos no logran ponerse de acuerdo sobre el tipo de mutaciones que habrían llegado a posibilitar la aparición de una nueva especie.

Unos afirman que se trata de micro mutaciones que se acumulan, durante generaciones sucesivas, hasta que al final producen un cambio que daría a un nuevo descendiente una ventaja suficiente para sobrevivir, respecto al resto de miembros de su especie. Este cambio se transmitiría a sus descendientes, los cuales a su vez tendrían más capacidad para sobrevivir que el resto de la especie y así al cabo de varias generaciones prácticamente la totalidad de miembros de la especie serían descendientes de aquél que experimentó el cambio inicial.

Esta teoría tiene la pega de que se necesitaría acumular muchas micro mutaciones sucesivas en el mismo ser, o en sus descendientes, antes de que ese conjunto de mutaciones diera lugar a una transformación ventajosa (por ejemplo, para crear un ojo en una especie que careciera del sentido de la vista). Por otra parte, en tanto el ojo no hubiera desarrollado la función de ver sería más bien una desventaja que una ventaja para quienes lo tuvieran, ya que podría ser fuente de infecciones o punto débil frente al ataque de otros animales. Por todo ello la acumulación de micro mutaciones es altamente improbable y por tanto no sería una explicación válida (hablando en términos de probabilidades matemáticas) para la aparición de las numerosas especies diferentes, en el corto período de tiempo, desde que existe vida en la tierra. De hecho, muchos científicos están en contra de la teoría de las micro mutaciones.

¿Y no podría ser que en lugar de mutaciones pequeñas se hubieran producido mutaciones más intensas

que, en una o dos generaciones, hubieran dado lugar a la aparición de nuevos órganos mucho más adaptados para la supervivencia?

Esa es precisamente la otra teoría que defienden muchos científicos evolucionistas: la teoría de las macro mutaciones. Sostiene que los hijos pudieron aparecer con grandes diferencias físicas respecto a sus padres. Por ejemplo, que de unos progenitores sin ojos o sin alas aparecieran descendientes con ojos o con alas. La gran pega que tiene esta teoría es que los científicos no han encontrado ejemplos de macro mutación en la Naturaleza.

Por tanto, la teoría carece de apoyo en la observación de la realidad, que es en lo que se basan muchas opiniones científicas. Tampoco ha podido contrastarse mediante experimentación en laboratorio. La conclusión es clara: no hay evidencia científica que lo sostenga y afirmar como hace Hawking que *"las teorías que ya poseemos son suficientes para realizar predicciones exactas de todos los fenómenos naturales excepto de los más extremos"* es una mera afirmación voluntarista pero no realista del nivel de conocimiento que la ciencia ha alcanzado hoy.

Bien, pero si, como tú dices, la acumulación de micro mutaciones carece de probabilidad y las macro mutaciones no se sostienen en los datos observados ni en las experiencias de laboratorio, ¿por qué una gran mayoría de los científicos parece decantarse a favor de la evolución, impulsada por el azar, como la explicación más plausible sobre el origen de las distintas especies?

Hay varias razones que explican que los científicos tengan, en su mayoría, un mismo punto de vista respecto al tema de la evolución, aunque debo decirte que empiezan a generalizarse las deserciones en ese campo. Muchos científicos optan por ver para creer y muchos se están dando cuenta de que, respecto a la teoría de la evolución hay mucho más un "querer ver" que un "haber visto". No estaría de más que todos los que se consideran científicos optaran por tener una actitud de prudente duda como la tuvo Tomás, el discípulo de Jesús, cuando los demás apóstoles le dijeron que habían visto a Jesús resucitado.

Permíteme un inciso. Me ha parecido oírte ensalzar a Tomás, el discípulo incrédulo. ¿Acaso la fe no es un factor esencial para la vivencia religiosa?

La religión en sí misma no es una meta. Es un camino para que el hombre reencuentre su esencia divina y se reencuentre conmigo. En el pasado histórico, el hombre me ha buscado a través de la fe, pero ello no quiere decir que deba ser siempre así. La fe, en el sentido de fe ciega tal y como se interpreta habitualmente, no es de mi agrado y caerá en desuso en esta Nueva Era que está comenzando, en este siglo XXI. Pero ya hablaremos más delante de la fe.

Por cierto, ya que hablamos de Tomás, al que como tú has dicho, se ha dado en llamar el discípulo incrédulo, quiero aclarar que no merece ese calificativo en mayor medida que los restantes discípulos. Simplemente sucedió que él no estaba allí cuando Jesús se apareció a los demás. Por eso no creyó lo que le dijeron que habían visto. De hecho, lo mismo les había sucedido a los otros discípulos que tampoco habían creído en las apariciones que las mujeres habían dicho sobre el fenómeno de la resurrección de Jesucristo. Seguramente pensaron, como los hombres de su tiempo, que lo que las mujeres les dijeron era "el fruto de la febril imaginación femenina".

Por tanto, no es justo que califiquéis a Tomás como el discípulo incrédulo. En todo caso calificadlo como el discípulo rezagado, porque llegó después de que se hubiera producido la aparición de mi hijo Jesús. Rezagado sí, pero no digáis que fue más incrédulo que los demás.

Nunca lo había enfocado así, pero tienes razón. No volveré a considerar a Tomás como ejemplo de incredulidad o falta de fe.

Volvamos al tema de la evolución. Hay varias razones que explican la postura mayoritaria de los científicos respecto a la evolución. Primera, los científicos desean encontrar explicaciones que puedan justificarse con lo que experimentan en el laboratorio u observan en la Naturaleza. Los científicos quieren explicaciones que se puedan justificar con lo que ven o palpan, lo cual es una sabia posición para avanzar hacia la verdad. Nada que oponer a ello. El problema es que a veces cuando no pueden ver ni palpar, como en el caso de la evolución, prefieren apoyar una teoría, que excluya cualquier hipótesis sobre la actuación de unas fuerzas metafísicas o "divinas". Esperan que algún día dicha teoría pueda constatarse, aunque hoy no puedan afirmar que está totalmente demostrada por los datos observados. Muchos científicos prefieren tener fe en que esa teoría demostrará un día ser la verdadera.

Cuando actúan así, cometen un error científicamente imperdonable ya que, aunque carezcan de evidencias científicas de mi existencia, no deberían negarme como hipótesis posible, no deberían negar la hipótesis de que el proceso evolutivo pueda estar impulsado por una Causa inteligente, por mí, salvo que dispongan de una teoría alternativa comprobada e indubitable, lo cual no es el caso. Por el contrario, deberían tener en cuenta la fragilidad de las teorías evolutivas, que se sustentan en micro mutaciones y macro mutaciones, por efecto del azar, y en la supervivencia del más adaptado. Los científicos no deberían olvidar que las teorías de la evolución son sólo hipótesis de trabajo y

43

que, como los propios científicos reconocen, no sólo no están probadas, sino que también requieren que se produzcan y acumulen una serie de fenómenos ocasionales que, desde el punto de vista de la teoría de las probabilidades, es prácticamente imposible que sucedan en la realidad.

Suena sensato lo que dices, pero esto me lleva a preguntarte: ¿Hay otras razones que induzcan a los científicos a apoyar la teoría de la evolución por efecto del azar y la selección?

Una segunda razón radica en que, en mi nombre, se han hecho tantas barbaridades en la Historia que la idea de otorgar a Dios, de otorgarme a mí, un papel, una existencia real, repele a muchos intelectuales. Recuerda que los filósofos de la Ilustración me ignoraron y marginaron y que Marx presentó una teoría, aparentemente muy completa, que negaba mi existencia. El marxismo pretendía ofrecer una explicación del origen del hombre, del sentido de su vida, de la evolución social y de la Historia. La teoría marxista estaba, aparentemente, tan bien estructurada que parecía que todo quedaba explicado sin necesidad de un Ser Superior. El marxismo explicaba incluso mi propia "existencia" considerando que yo era un mero invento de los poderosos para someter a los explotados. Después, el biólogo marxista Oparin[5], en 1922, formuló la teoría del caldo pre-biótico en el que, según él, surgió la vida. Todo ello hizo que pareciera ridículo que algún científico pudiese admitir, ni siquiera

---

[5] Nota del autor. Alexander Ivánovich Oparin (1894 -1980), bioquímico ruso, pionero en el desarrollo de teorías bioquímicas acerca del origen de la vida en la Tierra. Oparin se graduó en la Universidad de Moscú en 1917, donde fue nombrado catedrático de bioquímica en 1927, y desde 1946 hasta su muerte fue director del Instituto de Bioquímica A. N. Bakh de Moscú.

como hipótesis por demostrar, que Dios hubiera tenido algo que ver con el proceso evolutivo.

Finalmente, hay una tercera razón. El ser humano (y los científicos lo son), suele optar por no complicarse la vida ante lo *"políticamente incorrecto"*. Así ocurrió en el caso de Galileo Galilei. Lo políticamente correcto entonces era decir que el Sol giraba entorno a la Tierra. Sostener que era la Tierra la que giraba en torno al Sol resultaba revolucionario, chocaba con las creencias existentes y pocos se atrevieron a apoyarle.

Lo mismo ocurre hoy con las teorías que me otorgan un papel central como motor de la evolución. Son consideradas "políticamente incorrectas" pero ya verás cómo, en un plazo de menos de 25 años, se producirá un gran cambio al respecto y cómo entonces muchos considerarán inexplicable que los intelectuales y científicos de finales del siglo XX y principios del XXI hayan podido dar por buena la teoría darvinista de la evolución y hayan podido aceptar que todos los seres han surgido por el mero impulso del azar y de la supervivencia del más fuerte.

4. EVOLUCIONISMO Y CREACIONISMO

Los comentarios de Dios a las frases de Hawking nos habían llevado al tema del origen de las especies. Por ello me pareció muy oportuno profundizar en ello planteándole preguntas adicionales.

Dios, tú afirmas que eres el Creador y que has creado todos los seres ¿cabría decir que apoyas las teorías creacionistas?

Los creacionistas suelen estar impulsados por el deseo de defender la realidad de mi existencia y de defender el valor de la Biblia, pero también entre ellos hay enfoques diversos al igual que los hay entre los evolucionistas. Los creacionistas tienen en común el afirmar que, todas y cada una de las especies, han surgido de un acto creador específico, efectuado por mí. Rechazan, en consecuencia, la idea de que las especies sean producto de mutaciones producidas por el azar. En eso tienen razón: las especies no han sido creadas por el azar. Todos los seres u objetos complejos son consecuencia de la acción de un sujeto capaz de diseñar y ordenar esa complejidad.

No seas tan sibilino. ¿A qué sujeto te refieres? Dame una respuesta directa ¿es o no correcta la teoría creacionista?

Ten calma. Te lo estoy explicando ordenadamente. ¿De qué te valdría que respondiera sí o no a tu pregunta, sin explicarte mi respuesta? Permíteme que te recuerde que la racionalidad requiere una secuencia lógica de pensamientos y eso es lo que estoy haciendo.

Perdona mi impulsividad, pero este asunto me apasiona y quiero saber.

Y vas a saber. O por lo menos te voy a dar respuestas que tú deberás analizar y profundizar. Cuando observas un edificio con sus puertas, sus ventanas, sus conducciones de agua y de electricidad, sus puntos de luz, sus enchufes, su techo, etc. ¿piensas que ha sido obra del azar? No hace falta que me respondas. Sé que me vas a decir que ha sido obra de un diseñador, de un constructor, de unos operarios.

Efectivamente, pero en la Naturaleza la ciencia ha logrado realizar experimentos convincentes. Miller pudo constatar que poniendo amoniaco, anhídrido carbónico, metano y agua en un recinto cerrado y haciendo saltar chispas entre los electrodos se producían aminoácidos, que son los ladrillos básicos de las proteínas las cuales son las sustancias orgánicas básicas para todos los seres vivos.

Miller creó un ambiente artificial y logró un proceso de síntesis de aminoácidos. Dejemos de lado el hecho de que muchos científicos subrayan que Miller creó unas circunstancias para su experimento diferentes de las que consideran que existían en la atmósfera primitiva. Admitamos, como hipótesis, que el ambiente sugerido por Miller (amoniaco + metano + anhídrido carbónico + agua) hubiera sido el que realmente existió en la tierra primitiva. Vayamos más lejos y admitamos, también como hipótesis, que los primeros aminoácidos se produjeron por azar, siguiendo el proceso experimental utilizado por Miller en el laboratorio. Aún así cabe preguntarse: ¿Cuánto se ha avanzado, desde que Miller realizó sus experimentos, en la creación de proteínas a partir de aminoácidos?

Cierto es que los experimentos de Miller son de 1953 pero, desde entonces, la bioquímica ha hecho muchos nuevos descubrimientos en la dirección de las síntesis de las proteínas...

Ahora el sibilino eres tú. No estás respondiendo a mi pregunta. Desde entonces han pasado ya más de 50 años ¿Se ha logrado constituir proteínas en laboratorio uniendo aminoácidos de forma espontánea? ¿Sí o no?

La verdad es que no tengo grandes conocimientos de bioquímica y no sé concretamente responder a tu pregunta.

Pues yo te doy la respuesta. Los científicos han conseguido formar proteínas a partir de los aminoácidos con la ayuda de las enzimas. Pero ¿qué son las enzimas? Las enzimas son proteínas. Entonces, ¿cómo se formó la primera enzima-proteína? Volvemos al conocido problema del huevo y la gallina. No se trata de saber si fue primero la enzima o la proteína, porque ambas son proteínas. Los científicos no han sido capaces ni siquiera de desarrollar en laboratorio un proceso capaz de producir proteínas, sin ayuda de las enzimas, a partir de aminoácidos.

Por tanto, si ni siquiera lo han desarrollado en el laboratorio ¿cómo se puede pretender afirmar, científicamente, que un proceso, cuyas diferentes etapas se desconocen, se produjo por efecto del azar? ¿Cómo se puede afirmar, con pretensión de rigor científico, que es probable que se haya producido un suceso cuya forma de producirse se desconoce? Sostener eso, hoy por hoy, es mera especulación, que no se apoya en pruebas científicas. Si no se sabe cómo se pudo formar la primera proteína menos aún se puede afirmar que la vida ha surgido por efecto del azar Ni siquiera en su forma más sencilla. Por cierto, el más simple de los virus es mucho más complejo que una proteína. La ciencia dice que en el ser humano actúan en torno a 50.000 enzimas. No estaría de más que todo científico se pregunte cómo aparecieron todas esas enzimas. ¿Fue por el mero efecto del azar?

Afirmar que la vida ha surgido por efecto del azar es confundir la realidad científica conocida con la realidad que se desea que exista, se están confundiendo deseos con realidades. Isaac Asimov, ese gran divulgador de los conocimientos científicos señalaba que el número de combinaciones posibles de los aminoácidos que constituyen una molécula de hemoglobina (proteína) es de 10 seguido de 640 ceros y que sin embargo sólo una de esas posibles combinaciones es la hemoglobina que funciona. ¿Resulta lógico pensar que, por azar, haya llegado a crearse justo la proteína hemoglobina que funciona en el ser humano? Cuando veis un edificio atribuís su construcción a un arquitecto y a un constructor. Sin embargo, alegremente se afirma que la vida, mucho más compleja que el más complejo de los edificios existentes, surgió por efecto del azar. ¿No resultaría lógico aceptar, como hipótesis, que también detrás de la creación de la vida hay un Arquitecto con su equipo de constructores?

Pareces muy rotundo y la verdad es que tus argumentos parecen contundentes.

Como Dios debo ser rotundo cuando es necesario. No quiero dejar margen a la ambigüedad. Debes darte cuenta que la razón, esa hermosa facultad divina y humana, debe ser utilizada sin pre-juicios, es decir sin pre-juzgar las conclusiones a las que te lleva. Como dijo Descartes tienes que comprobar que cada juicio o afirmación, en toda secuencia lógica, es verídica antes de seguir adelante. Si utilizas la razón con humildad socrática, reconociendo lo poco que se sabe, estás en condiciones mejores para llegar a conclusiones ciertas, dejando de lado los pre-juicios. Sólo así se puede evitar que un emocional apego a determinadas creencias oscurezca el camino de la verdad.

Me estás dejando un tanto apabullado con el énfasis que estás poniendo en la lógica.

Soy un Dios sorprendente, tanto más cuanto más se me conoce. Continúo a la carga: ¿te parece lógico ridiculizar, a priori, de toda idea que tenga que ver con el creacionismo?

Bueno, no me dirás que creer que el mundo fue creado en seis días es algo sostenible. Una cosa es que la aparición de las distintas especies vegetales, peces, reptiles, aves y mamíferos se haya producido en el orden que se narra en la Biblia y otra muy distinta es que todo se haya hecho en seis días. Existen numerosísimas evidencias sobre las fechas en que fueron apareciendo las especies. No me irás a decir ahora que lo creaste todo en seis días.

Efectivamente, no fue en seis días. E incluso no fue en el mismo orden que literalmente se recoge en la Biblia. Recuerda que el Génesis parece sugerir que las aves se crearon antes que los reptiles y fue al contrario[6]. Fue un proceso a lo largo del tiempo. Además, debes de tener en cuenta que no todos los creacionistas sostienen la literalidad de la Biblia. No se les puede meter a todos en un mismo saco.

---

[6] Nota del autor. El Génesis dice respecto al quinto día *"Dijo Dios: Produzcan las aguas seres vivientes y aves que vuelen... Y creó Dios los grandes monstruos marinos y todo ser viviente que se mueve... y toda ave alada..."* Gen 1:20-21. Luego, respecto al sexto día dice: *"Produzca la tierra, bestias y serpientes y animales... E hizo Dios animales de la tierra... y todo animal que se arrastra..."* Gen 24-25. En donde parece que Dios hizo antes las aves que los reptiles. Hoy sin embargo se considera que los reptiles aparecieron antes que las aves.

Los creacionistas, en su vertiente más radical, consideran que la existencia del ser humano sobre la Tierra tiene tan sólo 6.000 años, según se desprende de la cronología de la historia bíblica. Afirman también que los fósiles que se han descubierto se debieron a la inundación que causó el Diluvio en tiempos de Noé.

Entre las opiniones de los creacionistas hay muchas cuestionables y equivocadas, lo cual no descalifica su tesis central de que detrás de la aparición de todos los seres de la Naturaleza estoy yo, como creador.

La postura de los creacionistas es muy cómoda. No pretenden demostrar que tú, Dios, fuiste el creador. Simplemente afirman que fue así y que el que opine lo contrario debe demostrarlo.

Lo que parece cómodo en Madrid puede no serlo en París y lo que fue cómodo defender en el siglo pasado puede no ser cómodo de defender en éste y viceversa. No se trata de una cuestión de comodidad o incomodidad. El reto es encontrar la verdad o, al menos, tomar el camino adecuado para encontrarla.

Hay dos alternativas respecto a la causa creadora: o fui yo el creador o los seres surgieron de forma espontánea. La gran mayoría de objetos que ves en la sociedad humana han sido creados por los hombres y no por el azar. A todos os parece normal que sea así. Nadie cree que los coches modernos hayan surgido por evolución de los antiguos por efecto del azar. De igual manera lo normal es que la creación haya sido cosa mía, salvo que se demuestre lo contrario.

El creacionismo también afirma que cada especie fue creada tal cual la vemos ¿Acaso creaste por un lado a los blancos, por otro a los negros, por otro a los amarillos, etc.?

No. La especie humana es única. Lo que ocurre es que tiene un gran potencial de variabilidad y de adaptación al medio, al igual que las demás especies. Mira la gran variedad de razas de perros que existen y, sin embargo, todas pertenecen a la misma especie. El creacionismo sensato no está reñido con aceptar la variabilidad dentro de la misma especie.

Entonces ¿qué entiendes tú por creacionismo?

Te he dicho antes que la idea básica del creacionismo consiste en afirmar que cada especie ha surgido como consecuencia de un proceso dirigido por un creador. Te daré un ejemplo actual. Hoy en día, habláis mucho de ingeniería genética. Habláis de manipular los códigos genéticos de una especie, el genoma. Pretendéis fecundar un óvulo y un espermatozoide, genéticamente modificados. Pues bien, imagínate que los ingenieros genéticos consiguieran perfeccionar y dominar todo el proceso y lograran crear, no ya una nueva raza sino una nueva especie. ¿Podría entonces decir la ciencia que ese logro probaba que la vida surgió por efecto del azar y la evolución?

Sería un gran avance en ese sentido...

No. En absoluto. Te equivocarías si lo interpretaras así. Lo único que ese experimento habría probado es que un ser inteligente, el ser humano, había logrado crear una nueva especie. El agente creador habría sido un ser humano, no el azar. Concreto más mi pregunta, ¿estaría ese logro más cerca del evolucionismo o del creacionismo?

Bueno, lo cierto es que en el caso que me planteas habría sido un ser inteligente, el ser humano, quien habría dirigido ese proceso creador de una nueva especie, pero también es cierto que lo habría realizado modificando o haciendo evolucionar los óvulos y espermatozoides de una especie anteriormente existente.

Insisto y preciso más mi pregunta: ¿estaría ese experimento más próximo del creacionismo, que reconoce la existencia de un creador como factor decisivo para crear una nueva especie, o del evolucionismo que considera que las especies surgieron como resultado de mutaciones producidas por azar y de la posterior supervivencia de los más adaptados?

Me estás presionando hábilmente. Me sugieres un posible paralelismo ente el ingeniero genético humano y tú, como Dios Creador Ingeniero Genético. ¿Por qué quieres que reconozca que ese experimento estaría más próximo del creacionismo que del evolucionismo?

No quiero ni dejo de querer que reconozcas nada. Deseo que analices la realidad con plena libertad, pero también con toda seriedad. No te presiono, simplemente te invito a que busques la verdad racional y científica. Pregúntate por qué te resistes a aceptar las conclusiones de ese ejemplo. ¿No será que tienes algún pre-juicio contra esa conclusión? Te lo dije antes y te lo repito ahora: los pre-juicios, todos los prejuicios, tanto los que son a favor como en contra de lo religioso, son enemigos de la luz, de mi Luz.

Muchos de los que apoyan la teoría de la evolución, basada en mutaciones producidas al azar, no como una mera hipótesis pendiente de demostración, sino como la única hipótesis plausible lo hacen basados en el pre-juicio, en la creencia ciega y no en los datos y en la racionalidad lógica. Sería mucho más correcto que, en su caso, la aceptaran simplemente como una hipótesis pendiente de demostración.

En conclusión, Dios, tú eres decididamente partidario del creacionismo.

Así es, siempre que entiendas el creacionismo tal y como yo te lo he explicado. No olvides que en mi proceso creador he seguido las leyes que se hallan en mí. Esas leyes son comprensibles por la lógica y el sentido común. No he creado cada especie ex novo, sino partiendo de especies existentes menos complejas, que han servido como plataforma para que los creadores diseñen y los ejecutores construyan modelos más complejos ...

Espera un poco, espera un poco. ¿Has dicho los creadores y los ejecutores, en plural? ¿Quieres decir que además de ti ha habido otros creadores?

Te respondo recurriendo de nuevo al ejemplo del ingeniero genético. Si mañana el ser humano llegara a crear una nueva especie ¿no cabría considerarlo también como un creador complementario?

Así es. Aunque en realidad lo habría hecho partiendo de otras sustancias o seres ya existentes.

Yo soy el Ser Original, el Primer Creador, pero he transmitido mi poder creador a determinados seres creados por mí. Así lo he hecho a vosotros los seres humanos, si bien como aún estáis en la oscuridad no sois capaces de saberlo ni de ponerlo en práctica. También hay otras especies en el mundo invisible, en el mundo espiritual, que fueron creadas antes que vosotros y que colaboraron conmigo en el proceso co-creador del Universo, al igual que un día lo haréis también vosotros, hijos míos. Recuerda que en la Biblia está escrito: *"Y dijo Dios: Hagamos al hombre a nuestra imagen y semejanza"*. ¿Por qué la Biblia me presenta hablando en plural? Lo hace para revelar que yo hablaba a otros seres, a los cuales había creado antes y que tienen muchas características comunes con vosotros.

¿Te refieres a los ángeles, arcángeles, querubines, serafines, etc.?

Efectivamente. Hay muchas categorías de seres espirituales que expresan distintas cualidades en número e intensidad y que contribuyeron, en mayor o menor medida, al proceso creador de las distintas especies, adicionando elementos a modelos más complejos y evolucionados.

Dios, me lo estás poniendo aún más difícil. No sólo me has argumentado con racionalidad en contra de la teoría evolucionista tradicional, sino que ahora me lo pones más difícil todavía, aludiendo a la existencia e intervención de ángeles y otros seres espirituales.

La verdad tiene aún muchas cosas por desvelar. En el plano material la ciencia ha logrado muchos avances, pero aún quedan otras dimensiones, el área que llamáis metafísica, en la cual haréis grandes descubrimientos durante el siglo XXI.

¿Cómo son esos seres? ¿Qué actividades desarrollan? ¿Cómo nos podemos comunicar con ellos?

Hay muchas cosas desconocidas por vosotros, los seres humanos, respecto a la tipología de los ángeles, sus actividades, el tipo de relaciones que mantienen entre sí y con los demás seres de la creación, sus semejanzas y diferencias con vosotros, etc. Sin embargo, no es apropiado desvelar ahora más información al respecto, aunque te puedo anticipar que en este siglo se descubrirán y divulgarán muchas cosas sobre el mundo angélico.

Cuando más adelante abordemos el tema del mundo espiritual lo entenderás mejor, pero de todas formas es más conveniente que te concentres en la realidad que conoces y que te rodea antes de que te aventures por dimensiones sobre las que aún no tienes dominio ni experiencia.

Continuemos ahora hablando sobre la sociedad humana antes de abordar más profundamente el tema de la dimensión espiritual.

Los seres humanos al mirar a vuestro alrededor veis multitud de seres y de sistemas y os preguntáis cómo son, cómo funcionan. Una vez que habéis alcanzado un nivel básico de conocimientos prácticos sobre lo que le rodea, empezáis a plantearos otros interrogantes sobre el qué y el para qué de todo lo que existe y de vuestra propia existencia.

Ya que todos los instrumentos que habéis construido tienen un para qué, y todas las acciones que realizáis, en el día a día, tienen algún propósito, es lógico que también os preguntéis por qué existe todo lo que existe y por qué he creado.

Te propongo que abordemos ahora estas cuestiones.

5. EL POR QUÉ DE LA CREACIÓN

Me pareció lógica la propuesta de Dios y consideré adecuado entrar en el tema del por qué de todo lo que existe. No obstante, lector, si te parece un tema demasiado filosófico y deseas dejarlo por ahora, te sugiero que mires el índice de este libro y vayas a otros temas que te parezcan más prácticos o concretos. Ya tendrás tiempo, más tarde, de volver a este plato fuerte del diálogo, sobre los por qué, que mantuve con Dios.

Dios, ¿cuál es la finalidad de todo lo que vemos? ¿Por qué te has dedicado a crear la amplia diversidad de los seres de la Naturaleza?

He actuado impulsado por mi propia esencia, respondiendo a un anhelo profundo que subyace en mí.

Yo creía que tú, Dios, eras todopoderoso e impasible, la Suprema Calma, la Total Quietud, el ser que no necesita nada ni anhela nada.

Te equivocas, hijo mío. No soy un ser de encefalograma plano, de emociones cero. No hay nada de malo en ellas siempre que respeten el orden celestial. ¿Qué hay de rechazable en tener anhelos? Tú tienes ganas de tener esta charla conmigo. Yo también estoy gozando de hablar y mantener un trato directo contigo. ¿Qué de malo hay, repito, en tener esos anhelos?

Sin embargo, Dios, yo creía que tu poder te permitiría darte a ti mismo tus propios anhelos, el sentido que tú desearas, hacer tu propia historia.

Hacer mi propia historia sí, pero respetando lo que soy. Sobre mí se han hecho muchas afirmaciones erróneas debido a que no se ha captado lo más esencial de mí mismo. Por ejemplo, con la mejor intención han querido ponerme en lo más alto y me han atribuido la cualidad de ser todopoderoso. Han cometido el error de creer que el poder es la cualidad máxima de todo ser y no es así. Ya en la Edad Media los teólogos plantearon una cuestión relativa a mi poder. Se preguntaban: *¿Sería posible que Dios construyera una montaña tan pesada, tan pesada, que ni él mismo pudiera levantarla?* ¿Qué responderías tú a ello?

La pregunta es difícil porque, obviamente, si eres todopoderoso podrías construir un objeto superpesado, pero también por ser todopoderoso podrías ser capaz de levantarlo, pero eso querría decir que no eras tan poderoso como para construir una montaña que ni Tú mismo pudieras levantar.

La respuesta es sencilla si le quitas la falacia que encierra la pregunta. No soy todopoderoso en el sentido vulgar del término. Lo correcto sería decir que soy "casi" todopoderoso. O bien que soy todopoderoso dentro de ciertos límites. ¿Cuáles son esos límites? Esos límites son las propias leyes naturales que existen en mí, incluyendo tanto las que ya conocéis como las que aún no conocéis.

Una de esas leyes es la ley de lo verdadero y de lo falso. Es absurdo pretender que yo fabrique una montaña tan pesada que ni yo mismo la pueda levantar. **No soy un Dios del absurdo** sino un Dios de lo verdadero.

¿Qué es antes, la esencia o la existencia? ¿Puede existir un ser que carezca de esencia, que no sea nada? Obviamente, puede existir en tu imaginación, pero no como ser real, como realidad objetiva. La esencia es condición para la existencia y toda esencia tiene existencia. Son inseparables.

Por tanto ¿cabría que yo, Dios, ya que soy "todopoderoso", acabara con mi existencia y siguiera siendo, sin existir? La respuesta es rotunda: No, por definición. **La existencia no puede existir al margen de la esencia**, aunque puede ocurrir que la existencia no manifieste todo el potencial de la esencia, al igual que una semilla no manifiesta el árbol que llevan dentro. Pero todo lo que está en la esencia está llamado a aflorar. Lo verdadero es la esencia y por tanto lo falso, más pronto o más tarde, está llamado a desaparecer.

La filósofa Hannah Arendt ha dicho *"Si hubiera una verdad no seríamos libres", lo que equivale a decir que sólo es posible la libertad cuando se puede escoger entre varias opciones.*

Esa frase es un sofisma. ¿Es esa frase verdadera o falsa? Si es falsa no hay por qué hacerle caso. Por el contrario, si es verdadera implica que decir que *"si hubiera una verdad no seríamos libres"* sería la **única** opción correcta. **Pero** si esa frase fuera la única opción correcta **sería una verdad y entonces no serías libre**.

Hannah Arendt parece que se siente libre para opinar que su afirmación es la única verdadera, luego **se está contradiciendo.** Si su frase fuera verdad, ella no sería libre para estar o no de acuerdo con ella. Sin embargo, **se cree libre** para emitir su hipotética opinión.

Y yo te pregunto ¿**Eres tú libre** para decidir si la frase de Arendt es verdadera o falsa?

¡Vaya galimatías! Parece un trabalenguas.

Efectivamente. Y más que un trabalenguas es un trabamentes, un sofisma. No puede haber, no hay, contradicción entre la existencia de la verdad, de una verdad, y la verdadera libertad. La frase de Hannah Arendt es un mero juego de palabras que no conduce a ninguna parte. Su defecto radica en que coloca lo secundario por encima de lo principal. No puede haber libertad al margen de la existencia. Para ser libre necesitas, primero, existir. Necesitas que sea verdad que existes ya que si eso no fuera verdad te sería imposible ser libre.

En tanto que eres un ser específico careces de libertad para cambiar tu esencia, pero sí eres libre para desarrollarla de una forma u otra. No tienes libertad para cambiar la ubicación de New York, pero sí para elegir la ruta por la cuál pretendes llegar allí. La verdad irrebatible es que existe la ciudad de New York. La libertad no consiste en que exista o no exista New York, sino en poder elegir la ruta por la cual llegar a ella.

La auténtica libertad se manifiesta **siendo lo que uno es**, pero lo que eres, en esencia, es inmutable. Tu libertad como animal terrestre requiere que tus pulmones reciban oxígeno. ¿Cuándo te sientes más libre, cuando estás en tierra o cuando alguien te sujeta la cabeza bajo el agua?

El que exista una verdad que consiste en que tus pulmones necesitan aire para respirar no merma tu libertad. Por el contrario, cuando pretendes ignorar esa verdad y te sujetan la cabeza debajo del agua es cuando no te sientes libre. Pretender negar la verdad de que tus pulmones necesitan aire no te lleva a la libertad sino a la muerte.

Yo, a pesar de mi poder, no puedo dejar de ser, dejar de existir. De igual forma, tú, debes respetar la Verdad de tu esencia y sólo lograrás la auténtica libertad moviéndote dentro de lo que tú, en esencia, eres.

¿No queda, entonces, lugar para el relativismo, para la diversidad?

Por supuesto que sí. El potencial de diversidad forma parte de tu esencia, pero no la contradice. Es relativo que te guste la jota, el tango o el rock. Es relativo que prefieras las peras a las manzanas y, por supuesto, existe toda la gran diversidad que los gustos y la creatividad llevan aparejada. Diversidad de cultivos, diversidad de deportes, diversidad de trabajos, diversidad de culturas, etc...

Sin embargo, quiero advertirte que mucho de lo que hoy se considera *"diversidad"* decaerá en el futuro por ser conceptos culturales que van contra la naturaleza humana. La diversidad respecto a los conceptos esenciales desaparecerá y será sustituida por conceptos que serán reconocidos como verdaderos por todos los seres humanos. Por ejemplo, el hombre y la mujer sois iguales en dignidad. Por tanto, todo tipo de cultura, todo tipo de sociedad, que margine a uno de los sexos desaparecerá.

Volviendo a nuestro tema, al por qué de la creación ¿cuál es nuestro papel y por qué fuimos creados?

Fuisteis creados por necesidad mía. Antes hemos hablado del Dios todopoderoso y te he dicho que el poder no es mi característica más esencial. Lo más íntimo de mí es lo que vamos a denominar mi corazón y lo más íntimo del corazón es el anhelo de encontrar alegría. Tenéis que abandonar el estereotipo del Dios inmutable, impasible. No se corresponde con la realidad. Anhelo intensamente la alegría y ello me impulsó a crearos.

¿Qué tiene que ver tu anhelo de alegría con la creación?

La creación es la forma de realizar ese anhelo. La alegría requiere de la relación. Cierto es que uno puede relacionarse consigo mismo, como hacía yo antes del principio del tiempo, pero el ansia de alegría es inagotable;

siempre queremos más y más, siempre queremos alcanzar una alegría de mayor nivel. Por ello yo quería entablar más relaciones y para ello tuve que crear a los seres de la creación, para relacionarme con ellos.

¿Y no te bastaba con los jardines del Paraíso, con las altas montañas, con los hielos del Ártico y con la inmensidad de las galaxias?

No, porque como te he dicho la alegría siempre desea alcanzar un nivel mayor. Para lograrlo es necesario entablar relaciones más y más profundas. Para dar mayor profundidad a la relación es necesario relacionarse con seres que tengan mayor capacidad. Por ello, creé seres más completos, como las plantas y los animales, en los cuales se manifestaba no sólo la mera existencia y el movimiento sino también la vida y el crecimiento. Son seres que reflejan no sólo la energía y la materia sino también la vida y la capacidad de reproducirse, de co-crear. Ahora bien, la motivación esencial de mi proceso de creación fue llegar a hacer existir seres como yo, con los que poder mantener una relación de tú a tú, de igual a igual. Por ello os creé a vosotros...

Entonces nosotros, los seres humanos, ¿no somos también seres similares a los demás existentes en la Naturaleza?

Vosotros emanáis de mí al igual que ellos, pero tenéis un rango muy diferente del resto de seres minerales, vegetales y animales que veis. Ellos son meras manifestaciones mías, carentes de consciencia de su propia individualidad. Son algo así como robots vivos. Vosotros sois mis hijos.

Os he dotado de mi propia esencia. Al igual que tus hijos han emanado de ti, pero no son tú, tú has emanado de mí, pero no eres yo, eres mi hijo. El resto de seres de la

Naturaleza constituyen el entorno en el que vosotros sois la cúspide. Con la finalidad de teneros a vosotros inicié el proceso de creación. Las galaxias, los planetas, la atmósfera, los seres vivos; todo el entorno en que habéis surgido.

¿Qué somos nosotros entonces? ¿Una manifestación tuya en grado inferior?

Oh, no. Tenéis naturaleza divina. Mi misma naturaleza. Sois dioses como yo. Sois mis hijos ¿Acaso los padres consideran a los hijos como algo inferior a ellos? Vosotros también sois dioses. Recuerda que en una ocasión Jesús estaba siendo criticado por los judíos que le decían *"y tú ¿cómo, siendo hombre, te haces dios?"* y Jesús les respondió: *"¿Acaso no está escrito: ¿Dioses sois?"*. Pues eso mismo te digo yo ahora: tú también eres Dios y como Dios te he creado.

Vale, pero ¿para qué?

Para tener relación contigo y para que tú la tengas conmigo y así podamos gozar de una plena relación de amor. Ya te dije que la creación fue la manera de preparar el camino para satisfacer, a un nivel más elevado, mi anhelo de alegría.

Te voy a revelar el gran secreto: mi característica esencial no es el poder. Mi cualidad esencial es ser un Dios de amor y no puedo ser de otra forma. La alegría se obtiene cuando un ser se une, mediante el amor, con otro ser que refleja o complementa sus cualidades. Esta ley me es aplicable a mí también.

El potencial de alegría de toda relación es tanto mayor cuanto más elevados sean los seres que participan en ella. Por eso, vosotros encontráis alegría al relacionaros con los minerales que reflejan las características sólidas de vuestro esqueleto; con los ríos que reflejan el circuito de vuestra sangre.

Esa alegría alcanza un nivel mayor cuando os relacionáis con algo vivo, por ejemplo, con una planta que responde a vuestro riego, a vuestros cuidados y que refleja vuestra capacidad de vida y de crecimiento. Más alegría aún os da el relacionaros con los animales que, como vosotros, se mueven, son más sensibles y responden de forma más completa cuando los alimentáis o los llamáis.

Sin embargo, no serías feliz si vivieras en una isla desierta, maravillosa, plena de alimento, rodeado de animales y plantas, pero sin contacto humano alguno.

Bueno, siempre se ha dicho que el sueño de todo hombre es alejarse de la sociedad y de sus conflictos y vivir en una isla paradisíaca, donde hubiera comida, una temperatura agradable, playas cristalinas, etc.

Eso lo decís en broma o sin haberlo pensado lo suficiente. ¿Cuánto tiempo aguantaría solo un ser humano allí? ¿Cuánto tiempo tardaría en anhelar, desesperadamente, la compañía de alguien con quien poder hablar, pasear y compartir? No hace falta que me respondas. Leo en tu corazón la respuesta. Sabes que no podrías ser feliz, plenamente, sin poder tener relación con otros seres iguales que tú.

Tal vez tengas razón. La soledad permanente no parece una gran compañera.

Algo similar me ocurrió a mí. Anhelaba tener hijos que fueran como yo, que pudieran crecer y llegar a ser como yo y con los cuales pudiera tener una relación de amor, de corazón a corazón. Esta es la razón por la cual os creé. Soy un Dios en permanente dinamismo

Parece una razón un tanto egoísta. Nos creaste porque nos necesitabas para tener alegría...

Estás usando el verbo necesitar con un sentido inadecuado. Lo que se hace por necesidad no es necesariamente egoísta, siempre que responda a una necesidad innata, imprescindible, natural. Hacer algo porque te lo pide tu naturaleza auténtica no es ser egoísta. ¿Cabe decir que eres egoísta cuando inspiras el aire porque tus pulmones necesitan oxígeno? Evidentemente no. Igualmente, ¿se puede decir que toda pareja que desea tener un hijo tiene una motivación egoísta? Existen casos en la sociedad actual en que puede que sea así, pero tampoco es lo frecuente. Los padres suelen desvivirse por los hijos. Mantienen con ellos una relación extremadamente generosa. Las relaciones paterno-filiales no suelen ser egoístas, en particular en su primera etapa, cuando los hijos son pequeños y requieren de los cuidados paternos para poder subsistir.

Me está resultando muy duro entender tus respuestas.

Es lógico; también tu pregunta sobre el por qué de las cosas es muy profunda.

¿Podrías hacerme una síntesis o darme unas pautas sencillas para entender tu mensaje sobre el papel de la alegría?

La clave de toda relación es el anhelo de alegría. La alegría se logra a través de la relación armoniosa con los seres. El amor es la fuerza que da lugar a las verdaderas relaciones. Por ello en el corazón del ser humano late un ansia inmensa de fraternidad. Vuestro corazón ansía vivir con plena confianza en la relación con los demás, mantener relaciones cordiales con todos, sentirse hermano de todos e integrado con la Naturaleza.

Todos tenéis un anhelo común de armonía y paz. Ponedlo en práctica; la felicidad, la sabiduría os espera a la vuelta de la esquina. Yo creé para poder tener un mayor nivel de relación, para poder manifestar mi amor en un plano más alto y preparé el entorno para daros a luz a vosotros, mis hijos, y poder mantener con vosotros, de tú a tú, una relación de amor. He ahí el secreto de la creación.

6. ¿CÓMO DAR SENTIDO A LA VIDA HUMANA?

La conversación con Dios me estaba resultando inspiradora y estimulante. Parecía un pozo inagotable del que cabía sacar más y más agua de vida. Sentía correr por mis venas el deseo de ser, de expandirme, de nadar en la luz. Las preguntas, de manera espontánea, se agolpaban en mi mente...

Dios mío, me acabas de decir que "la sabiduría nos espera a la vuelta de la esquina" y que tú, el supremo, el altísimo, pretendes "mantener con nosotros, de tú a tú, una relación de amor". Todo eso suena muy prometedor pero tal vez no son más que meras palabras, sin capacidad de transformarse en sustancia. La sabiduría parece huidiza, esquiva; nos elude una y otra vez. La relación contigo, cuando se da, parece inestable, frágil; fruto más bien de un acto de voluntad humana que de un contenido comprensible. Ni siquiera sobre el sentido de la vida humana hay un consenso general. Un amigo mío cree que no vale la pena buscarle sentido a la vida y que bastante tenemos con vivirla

¿Y tú qué opinas?

Algo dentro de mí se resiste a deambular sin sentido, esperando que alguna casualidad dé sentido a mi vida. Me inclino a compartir la frase de Karl Popper, el cual señalaba que "la historia humana no tiene sentido pero los hombres podemos dárselo"[7] En consecuencia, seríamos nosotros los que le damos un sentido a nuestra vida y luego la vivimos en esa dirección.

La frase de Popper suena bien, pero filosóficamente es un tanto floja. No hay que confundir la utilidad de algo con el hecho de que ese algo tenga un sentido intrínseco. Por ejemplo, podrías fabricar, por azar, un objeto de hierro, sin planos ni diseño previo, y una vez realizado pensar que parece un perchero y que puede ser utilizado como tal. Dirías que le has dado *"sentido"* a ese objeto, pero en realidad, no le has dado sentido al objeto sino utilidad porque su sentido esencial no lo has cambiado.

¿Cuál era el sentido del hierro? ¿Cuál era su por qué? El sentido del hierro radica en sus cualidades intrínsecas que derivan de su esencia como átomo y cómo molécula. Son esas cualidades las que le dan su dureza, su capacidad de oxidación en presencia del agua, sus posibilidades de combinación química para participar en otras sustancias. Esas cualidades no se cambian, aunque os basáis en ellas para construir instrumentos tan diferentes como una cuchara o un fusil, un tren o un raíl, etc. Una cosa es la naturaleza de los seres y otra las posibles utilizaciones que se pueden hacer de esa naturaleza.

¿Sentido? ¿Utilidad? He aquí un dilema interesante

Te doy algún ejemplo que te pueda ayudar a diferenciar entre ambos. Tú puedes utilizar tu cuerpo durante toda tu vida para construir una inmensa zanja. Habrías utilizado tu vida para hacer una zanja, pero ¿acaso crees que el sentido de la vida del ser humano es dedicarse a

---

[7] La sociedad abierta y sus enemigos. Karl Popper. Planeta-Agostini Barcelona 1992

construir una inmensa zanja? No debes confundir el "sentido" coyuntural que se da a una actividad determinada de la vida con el auténtico sentido que subyace en la esencia de todo ser humano.

Es el eterno dilema entre el Ser y el Existir. ¿Existimos porque somos o somos porque existimos? ¿Es nuestra esencia la que se manifiesta en nuestra existencia o es nuestra existencia la que con sus experiencias construye nuestra "esencia"?

Volvemos al tema de la esencia y la existencia. Los existencialistas consideran que el día a día, las acciones, las vivencias, son lo que configura lo que sois. No se puede negar que tienen una parte de razón pues las vivencias y acciones de cada uno van rellenando vuestro curriculum. Pero ¿erais tabula rasa? ¿Erais, desde que nacisteis, un mero papel en blanco en el que se podía escribir cualquier cosa? ¿Podríais haber sido pájaros o peces? La respuesta es no. Sois seres humanos y, como seres humanos, tenéis facultades a las que no podéis renunciar. ¿Acaso podéis hacer desaparecer vuestra inteligencia o vuestro sentimiento? No, no podéis hacerlo. Son tan irrenunciables para vuestro ser espiritual como vuestros pulmones para vuestro ser físico.

Reconozco que los seres humanos, en tanto que pertenecemos a la especie humana, tenemos elementos comunes que forman parte de nuestra naturaleza. Sin embargo, como decía Heráclito, todo fluye y nadie se baña dos veces en el agua de un mismo río. Las cosas cambian tanto que resulta difícil decir qué es esencial y qué accesorio. Además, no vemos la desembocadura del río de la vida y ni siquiera sabemos si hay algo después de ella.

El que no veáis la desembocadura no quiere decir que no exista. Hay cosas que no se ven salvo que se hayan desarrollado los instrumentos adecuados. Por ejemplo, los microbios no se vieron hasta que se descubrió el microscopio. Por otro lado, también hay cosas que, aunque se vean físicamente, no se ven verdaderamente ya que se interpretan erróneamente. Por ejemplo, veíais y veis, al Sol girar sobre la Tierra cuando en realidad no era eso lo que ocurría sino todo lo contrario.

Has citado a Heráclito, pero conviene que recuerdes también a Parménides quien, por contraposición a Heráclito, había afirmado que *"la esencia permanece, la esencia es inmutable"*. Subrayaba que hay algo que no se modifica y que constituye la esencia del ser. Estaba en lo cierto, lo cual no quiere decir que el ser de cada uno no pueda enriquecerse y desarrollarse con las vivencias y las aportaciones del día a día.

Las circunstancias varían, el río fluye, crecéis, pero vuestra esencia permanece. Con la madera de un árbol puedes construir un mueble y está claro para cualquiera que un árbol no es un mueble. También un árbol es muy diferente cuando está recién plantado de cuando tiene 50 años, pero todos están de acuerdo en que es un árbol y que las características esenciales que permiten calificarlo como árbol permanecen en él. También estáis de acuerdo en que la sustancia madera que formaba parte del árbol sigue apareciendo en el mueble construido con él.

Parece increíble la de vueltas que se pueden dar sobre un mismo tema...

Las que se pueden dar, las que se han dado y las que se darán. Las facultades de la mente humana las tenéis ahí, pero tenéis que alimentarlas y darles sabiduría. Heráclito, Parménides, Platón, Aristóteles y tantos otros han hecho aportaciones y matices, fruto de toda una vida de reflexión y experiencias.

¿Se acabará algún día la necesidad de tanta reflexión? ¿Podremos vivir tranquilos sin sentirnos envueltos por la confusión?

La reflexión no se acabará nunca porque forma parte de vuestra naturaleza, pero superaréis la confusión actual. La tranquilidad no es enemiga de la reflexión. La dimensión por conocer es infinita en variedad y profundidad, lo cual constituye un atractivo reto y una fuente de alegría para vuestra inteligencia. El problema radica hoy en las contradicciones radicales que existen sobre conceptos esenciales tales como quién sois o cómo encontrar la felicidad. Eso os produce confusión, pero una vez que hayáis superado esas contradicciones podréis caminar tranquilos, y a la vez apasionadamente, por el camino de la sabiduría y la verdad.

Gozaréis del hecho de avanzar y de experimentar la esencia. Os alegraréis de percibir los múltiples matices y variantes que enriquecen la esencia, pero no la niegan. Será un caminar armonioso, pleno de fraternidad. Estáis hechos para la plenitud y la iréis desarrollando en vuestro día a día.

7. EL SER HUMANO Y LA SOCIEDAD

Dios me había hablado de un futuro brillante, de un futuro realizable, de un futuro feliz, de una nueva sociedad cuya posibilidad no cabía en mi cabeza. La sociedad que me rodea, las convulsiones del mundo entero, no parecen ir en esa dirección, por ello decidí profundizar en el tema. Quería saber, en concreto, cómo se podrían aplicar esas sugerencias filosóficas a la vida social, al día a día.

Dios, todo eso me suena a utopía. En el pasado se ha hablado mucho de la utopía social. Platón en su libro "La República" sugirió un modelo de sociedad, cuyos miembros estarían encuadrados en tres clases. Los filósofos, encargados de gobernar; los guerreros, para hacer frente a las amenazas del exterior y para mantener el orden, y los productores, para realizar la producción económica y atender a las necesidades materiales. Intentó ponerlo en práctica en la ciudad de Siracusa, a propuesta de su amigo Dión, familiar de Dionisio el Viejo, tirano de esa ciudad, pero fracasó.

Otros autores posteriores también propusieron modelos de organización social ideal. San Agustín escribió "La Ciudad de Dios"; Tomás Moro, "Utopía"; Tomás Campanella "La Ciudad del Sol". Ninguno de esos modelos llegó a materializarse en la práctica. Posteriormente las experiencias socialistas, tanto marxistas como no marxistas, y las anarquistas implantaron sus respectivos modelos sociales utópicos, que llegaron tener mayor o menor duración, pero ninguno resultó ser un éxito. Tampoco las comunas hippies de los años sesenta ni el barrio Cristiania de Copenhague han dado resultado. En suma, todos los intentos utópicos han fracasado ¿cómo se puede seguir creyendo hoy en la utopía?

Muchos descubrimientos científicos han requerido un largo periodo de intentos y fracasos hasta que se ha dado con la solución. Igual ocurre con la verdadera utopía. Si no se comprende el sentido de la vida del individuo humano, si no se sabe cómo ser feliz, no se puede pretender construir una sociedad ideal. En el Génesis se encuentra la frase que resume la clave del sentido de la vida de cada ser humano: *"Creced, multiplicaos y dominad la tierra"* pero hay que entender su verdadero contenido.

He oído y leído muchas veces la frase bíblica a la que aludes, pero no me aporta la menor luz. Me parece una frase hueca de sentido o, al menos, cuyo trasfondo o intención no queda clara. ¿Podrías explicármela?

Por supuesto. Mi gran anhelo ha sido siempre poder desvelar estos secretos, que nunca pretendieron serlo, a vosotros, mis hijos. La oscuridad impidió que el género humano pudiera vivenciar y entender su sentido desde el principio. Te explicaré lo que quiere decir esa frase ya que me ofreces la oportunidad de escucharme.

El autor del Génesis captó con su intuición, pero sin conocer su auténtico significado, las tres grandes esferas de actuación a través de las cuales el ser humano encontrará la felicidad y las resumió en esa escueta frase que contiene lo que se conoce como las Tres Bendiciones Bíblicas.

La primera de ellas, *"creced",* indica que el ser humano debe, en primer lugar, crecer como individuo. Es decir, desarrollarse en sus dos vertientes, física y espiritual. En la física, vuestra responsabilidad es fácil de cumplir pues basta con comer y atender al cuerpo, dándole un ambiente saludable y una dosis razonable de ejercicio físico, para que se desarrolle de forma armoniosa y natural.

El crecimiento de la parte espiritual exige algo más de esfuerzo ya que debéis desarrollar vuestra sensibilidad o emoción, vuestro intelecto y vuestra voluntad. La sociedad humana que os rodea es, en muchos casos, un gran obstáculo para vuestro crecimiento espiritual ya que no tiene claramente asumidos los valores, actitudes y pautas de conducta que permiten la construcción de la armonía y la paz.

Por el contrario, suele ser oscura y conflictiva. Os impulsa a enfatizar el valor de las sensaciones egoístas, consumistas, dominadoras, destructivas y violentas. Esas experiencias os dificultan el acceso a la verdad, os confunden, y terminan por induciros a creer que no hay salida. Así, termináis asumiendo como normal el sentiros ajenos a vosotros mismos. Aceptáis, la falsedad, la mentira cotidiana, y, en suma, el vivir alienados, faltos de un verdadero sentimiento de autorrealización.

A veces he pensado que la principal cualidad humana es la voluntad, mucho más que el intelecto y el sentimiento.

Así es porque la voluntad es el motor de las otras dos. Sin el esfuerzo de la voluntad, el intelecto tiene pereza para buscar la verdad. Sin el esfuerzo de la voluntad, la emoción no desciende a planos más profundos, sino que se queda a flor de piel y actúa como una veleta que mueve al hombre de un lado para otro, sin rumbo.

En "El Principito"[8] la flor le decía al niño "los hombres van donde les lleva el viento. No tienen raíces; les

---

[8] El Principito. Antoine de Saint Exupery

77

molesta mucho no tenerlas" Sin embargo, si tuviéramos raíces estaríamos atados ¿cómo podríamos investigar el mundo que nos rodea?

Imagina una planta sin raíces. Se moriría. Ese era el mensaje que la flor le daba al Principito. Cada ser tiene que tener las raíces que le son propias para que su vida adquiera sentido. Tener raíces no significa estar atados. Vosotros tenéis la posibilidad de moveros tanto física como espiritualmente. Pero el movimiento sin criterio y sin sentido no es otra cosa que un ir y venir confuso y sin esperanza, sin raíces en vuestro auténtico yo.

Has dicho que vivimos en un mundo de confusión y de conflicto. ¿Cómo puedo entonces encontrar la verdad? ¿Cómo debo dirigir mi inteligencia?

Poniendo la carne en el asador, es decir, haciendo un claro esfuerzo de búsqueda. Debes perseverar y tener mucha humildad. No tengas arrogancia. No creas que sabes todo. Pregunta siempre y escucha mucho. Si adoptas esa actitud, los mejores maestros y las mejores enseñanzas de tu época se pondrán a tu alcance. Tal vez hayas oído la frase "el maestro aparece cuando el discípulo está preparado". Tiene mucho de cierto.

Y la sensibilidad ¿cómo debo desarrollarla?

También requiere esfuerzo. No debes detenerte en la mera sensibilidad física ni siquiera en la emoción que produce lo novedoso y lo inesperado. El descubrimiento de un nuevo rincón en el monte, o el encuentro con una nueva persona, puede generarte emociones alegres, pero es frecuente que al poco tiempo dejes de dar valor a ese nuevo lugar o a esa nueva relación personal, salvo que hayas optado por profundizar más en ella. El valor que al principio atribuiste a esa relación, a ese encuentro, desaparece.

Ello se debe a que te quedaste a flor de piel y a que te contentaste con recibir lo que ese momento te daba. Pero no diste nada a cambio, no te sentiste responsable de esa relación, no te esforzaste por profundizarla. Por ello, no fuiste capaz de crear nuevos lazos ni de descubrir la pluralidad de aspectos que tiene ese rincón de la geografía o esa persona que conociste hace unos días.

Un excelente ejercicio para desarrollar la sensibilidad superior es oír tu silencio interior, o tu música interior, pues de ambas formas puedes percibirlo. Respira profundamente, no te preocupes si llegan pensamientos o imágenes a tu mente. Simplemente no te envuelvas con ellos, déjalos irse. Percibirás dentro de ti una profundidad inmensa, cálida, amiga. Cuanto más aprendas a escucharte tanto más te acercarás a mí y tanta mayor unidad sentirás con todo lo que te rodea pues en todo estarás percibiendo mi esencia, me estarás sintiendo a mí y sentirás mi deseo infinito de amor.

¿Basta entonces con escuchar el silencio interior para crecer?

Sois seres de múltiples facetas. No te contentes con desarrollar sólo una. Todas, tanto el silencio interior como la actividad exterior, son necesarias para tu crecimiento. El mero silencio te ayuda a escuchar, pero si no pones en práctica lo aprendido, no asumirás de verdad el mensaje. Recuerda que *"obras son amores y no buenas razones"*

¿Tenemos todos los seres humanos las mismas facilidades para realizar esa Primera Bendición, la de crecer como individuos?

Estáis en un mundo que no es el ideal y en el que cada uno de vosotros arrastra su karma particular. Unos tienen más capacidad para el deporte, otros para la música. Otros, como es tu caso, tenéis a priori mayor facilidad para impulsar el crecimiento de vuestro espíritu a través del conocimiento. Pero además de las características personales influye mucho el entorno en que os encontráis, la familia, la escuela, la sociedad, la cultura, etc. Sin embargo, a pesar de esos diferentes puntos de partida y de esas circunstancias, es ineludible que todos crezcáis para encontrar la felicidad y para realizar vuestro ser. Aunque se crece individualmente, el verdadero crecimiento requiere que hagáis también crecer al conjunto.

¿En qué consiste ese crecer, en qué consiste realizar esa Primera Bendición?

Crecer consiste en entender y asumir una correcta escala de valores respecto a las dimensiones espiritual y física. Ambos planos, el físico y el espiritual, tienen sus propios intereses, sus anhelos que, en ocasiones, pueden resultar contradictorios. En ese momento una guía moral verdadera permite adoptar la decisión correcta y os lleva hacia la felicidad. Por el contrario, tener una moral equivocada lleva a adoptar decisiones equivocadas, que destruyen y no conducen a una felicidad estable sino, en el mejor de los casos, a una apariencia de felicidad o a una felicidad pasajera.

¿Me puedes dar un ejemplo para que lo entienda mejor?

Hay veces que tu cuerpo físico te pide ir a comer una tarta, justo cuando estás trabajando en busca de la verdad espiritual o científica. ¿Qué decisión debes tomar? ¿Seguir trabajando o irte a comer? La moral te indica, en ese momento, teniendo en cuenta las circunstancias, si procede que vayas a tomar la tarta o si antes debes acabar el trabajo de investigación que estabas realizando. Otro ejemplo: la moral te permite discernir cuando estar acostado es pereza y cuando es simplemente dar al cuerpo físico el descanso que necesita.

En suma, la Primera Bendición sería adoptar como guía una escala de valores morales verdadera que nos permitiera desarrollar nuestro espíritu y nuestro físico armoniosamente y, en consecuencia, lograr ser felices como individuos,

Lo has sintetizado muy bien. Eso es lo que debes realizar. No obstante, tienes que ser consciente de que te vas a encontrar con dos dificultades principales. Primero, descubrir cuál es la escala universal de valores adecuada, Segundo, llegar a ponerla en práctica.

Imagino que más adelante volveremos sobre el tema de la escala de valores. ¿Podrías hablarme ahora de lo que llamas la Segunda Bendición? Lo cierto es que mucha gente no parece hoy muy convencida de que eso de "multiplicarse" sea una bendición.

La Bendición *"Multiplicaos"* pretende subrayar que el sentido de la vida del ser humano no se reduce al plano individual. El ser humano es un ser de relación. Establece relaciones con sus padres, con sus hermanos, con sus amigos. De ellas se generan experiencias y aprendizajes que enriquecen enormemente su vida como individuo.

Todos anheláis la relación. Ninguno se retira voluntariamente a vivir en soledad permanente. Cuando así ocurre es por miedo a la relación humana y en aplicación del refrán de *"más vale solo que mal acompañado"*. Pero aún así, cuando ocurre, se hace como un mal menor, no como algo deseable. Hay una excepción: la de aquéllos que consideran que el entorno social les impide relacionarse conmigo y se retiran para buscarme desde el silencio y la soledad. Esa decisión tan drástica tiene sentido en el mundo que los seres humanos habéis creado, pero no era en absoluto necesaria dentro del plan que yo tenía y tengo para vosotros.

La Primera Bendición enseña al ser humano a ser feliz como individuo aplicando la Recta Moral. La Segunda Bendición enseña al ser humano a ser feliz en las relaciones interpersonales, aplicando la Ética Verdadera.

Ética, moral. Siempre había creído que eran lo mismo...

Están entrelazadas, pero algunos hacen una distinción entre ellas muy sugerente y clarificadora. Ambas pretenden servir como escala de valores para juzgar la bondad o malicia de las acciones humanas, pero una es más interior y la otra más exterior. La moral aludiría a la escala de valores correcta en las relaciones intrapersonales cuerpo-espíritu. Toda acción o actitud realizada en privado y que no repercute directamente sobre los demás puede ser evaluada a la luz de la moral. La pereza, la lujuria, la gula, son ejemplos de comportamientos que la moral tacha de incorrectos sin que necesariamente tengan por qué repercutir directamente en perjuicio de los demás. Muchos dicen que lo que se hace en soledad, sin dañar a nadie, pertenece tan sólo a la esfera íntima y que por tanto no es malo. Sin embargo, en la esfera íntima actúa también vuestra moral y os dice si estáis actuando, o no, de forma moralmente correcta.

Ya veo. Entonces ¿qué sería la ética?

La ética sería la escala de valores que se utiliza para evaluar los comportamientos en las relaciones interpersonales, en las relaciones entre tú y los otros. Esta diferencia entre moral y ética permite calificar de inmorales actos del individuo que no afectan a los demás y que por tanto no tendrían implicaciones éticas. Lo que sí ocurre es que todo acto contrario a la ética parte de una previa decisión inmoral. La mera intención de causar daño a otro, aunque no se lleve a cabo, es inmoral. Su puesta en práctica da lugar a una actuación contraria a la ética.

Mucha gente dice que la ética es relativa y que las costumbres que no son éticas en la sociedad cristiana pueden ser plenamente aceptables entre las tribus amazónicas. ¿Hay una ética única o hay muchas éticas?

Los principios éticos divinos, mis principios, es decir, los que deberíais aplicar, son absolutos. Sin embargo, vuestra ignorancia es los que impide que hayáis construido una ética universal. Por otra parte, debes tener en cuneta que los principios no son recetas detalladas sino principios que hay que aplicar a situaciones concretas, cada una de las cuales se encuentra rodeada de sus circunstancias particulares. El principio ético divino central es universalmente conocido: *"No hagas a otro lo que no quieras que te hagan a ti"* o *"Trata a los demás como quieres que te traten a ti"*. El problema es entenderlo y ser capaz de aplicarlo en la práctica.

La ética verdadera enseña que, en toda relación humana, la persona que ocupa la posición sujeto debe tener como propósito servir a la que, o a las que, están en posición objeto. Así, el gobierno debe servir al pueblo; el maestro enseñar a los alumnos; el que habla dar algo al que escucha. Este principio es fácil de ser entendido y compartido pero otra cosa es llevarlo a la práctica. ¿Cuántas veces los gobiernos lo que buscan es mantenerse en el poder como sea y no se centran en servir al pueblo? ¿Cuántas veces los maestros han utilizado su cátedra para agradar a su ego, para lucir su capacidad oratoria e, incluso, para seducir a alguna alumna? ¿Cuántas veces el que habla tan sólo pretende ser escuchado, sin importarle si sus palabras están aportando algo a su interlocutor?

Es cierto lo que dices, pero si se trata de principios tan obvios ¿por qué resulta tan difícil y confusa su aplicación en la práctica?

Porque vivís en una sociedad que sólo en pequeña medida aplica mis principios. Por eso, educáis a vuestros hijos en la realidad que vivís y no ponéis suficiente énfasis en que asuman mis principios. En el fondo creéis que el conflicto no tiene solución. Pensáis, con excesiva frecuencia, que intentar aplicar la Moral y la Ética Verdaderas a lo único que os conducirá es a recibir palos por todas partes. Volvéis así a repetir el mismo ciclo, generación tras generación: como no creéis que sea posible un mundo ideal, no os sentís motivados para hacer mucho esfuerzo en construirlo. En consecuencia, transmitís a vuestros hijos esa visión tan falta de esperanza.

¿Y no será que todo es así? ¿No estaré yo, ahora al hablar contigo, dejándome llevar por mi imaginación y pretendiendo hacer de mis fantasías una imposible realidad?

Recuerda a Descartes: piensas, luego existes. En cuanto a la realidad de lo que te digo comprueba cómo resuena en ti mismo. Tu conciencia, la voz interior desde la cual te hablo, cuestiona tus acciones y te hace sentirte insatisfecho si conculcas mis principios. Todos anheláis la felicidad y sólo hay un camino para lograrla de forma estable y verdadera. Por ello habéis descubierto los derechos humanos. Por ello cuando actuáis en contra de los principios universales os sentís infelices y aunque alcancéis el éxito social hay algo dentro de vosotros, vuestra conciencia, que no os permite que os sintáis a gusto.

Mi hijo Eric Fromm, en sus libros *"El arte de amar"* y *"El miedo a la libertad"*, explicó, con gran claridad, que la felicidad, el verdadero amor y la libertad real, sólo se consiguen si se actúa con total sinceridad y fraternidad. Lamentablemente, no logró intuir la verdadera alternativa y optó por la solución marxista como vía para lograr la solidaridad mediante la eliminación de la propiedad capitalista. No se dio cuenta de que la propiedad privada capitalista no es la causa de la mentira y del egoísmo. No es la propiedad lo que hace malo al hombre, sino el hombre el que puede hacer mala, explotadora o egoísta la propiedad. ¿Qué problema tendría la propiedad privada, si todos los propietarios tomaran conciencia de que sus propiedades y sus frutos deben servir al interés general?

¿Qué interés tendrían entonces los seres humanos en tener una propiedad? Más que un motivo de satisfacción sería una carga adicional, algo que habría que cuidar para terminar dando sus frutos a los demás. ¿Qué pasaría entonces con la economía de mercado?

La preocupación por la Humanidad no impediría que los frutos de tu propiedad los destines a mantenerte y mantener a tu familia. Lo que ocurriría sería que desearías compartirlos. Tu propio corazón te diría hasta dónde llega un aprovechamiento personal normal y dónde empieza el abuso egoísta. Tu percepción del resto de miembros de la sociedad como parte de tu propia familia te impulsará a compartir con ellos y eso te llenará de alegría.

Haz una prueba. Comparte un día tu comida, o algo que te apetezca mucho y de lo que andes escaso, con tus hijos, amigos o compañeros, procurando que ellos reciban el máximo, aunque tú te quedes sin nada o casi sin nada. Si lo haces con verdadera intención de dar, verás como ese pequeño bocado que te haya quedado te sabe a gloria. Será así porque esa pequeña porción estará cargada de amor generoso. No te preocupes si dudas ahora de mis palabras. Ponlas en práctica y comprobarás por ti mismo cómo lo que te digo ahora es absolutamente cierto.

Vale, Dios, pero hay que ser práctico. Si cualquier tipo de producto que fabriquemos lo regaláramos ¿cómo sabríamos si los demás lo aprecian suficientemente o si hubieran preferido otra cosa? ¿Cómo se organizaría el intercambio de productos? ¿A ojo? Me temo que correríamos el riesgo de tener muchos zapatos y ni una sola camisa...

Tienes toda la razón. La voluntad de compartir, la generosidad no es incompatible con la existencia de instrumentos que permitan saber lo que los demás desean y facilitar el intercambio. Concretamente, el mercado es un mecanismo esencial para organizar la producción y dar satisfacción a los anhelos humanos.

El mercado, tan injustamente denostado por muchos, no es más que un mecanismo de gran valor que existirá siempre, al igual que las oscilaciones de precios, los riesgos y los beneficios. Son la forma natural de distribuir los productos y de evaluar en qué medida los demás los consideran útiles. Si hay mucha demanda, si los solicitan mucho, sus precios subirán. Si no encuentran comprador indicarán que, al producirlos, se está realizando una actividad que no interesa mucho a los ciudadanos.

Pero eso generará elevados beneficios para unos y muchas pérdidas para otros...

Para. No te embales. Tu comentario huele a la consabida y anticuada crítica marxista al mercado. Marx decía que en el mercado las cosas se intercambian por su valor por lo que, en el peor de los casos, nadie debería perder ni ganar y que cuando uno gana es porque el otro necesariamente pierde.

Sin embargo, eso son ideas ya en desuso. Los economistas, después de reflexionar al respecto, observaron que nadie intercambia nada para perder y que por tanto si uno cambia una silla por 10 € es porque, para él, esta cantidad vale tanto como la silla. Consecuentemente, nadie perdería ni ganaría en el intercambio: cada uno cambiaría una cosa por lo que cree que vale.

Posteriormente los economistas fueron aún más lejos en sus reflexiones y llegaron a la conclusión de que nadie intercambia para quedarse igual. Así el que vende la silla por 10 € lo hace porque dicha cantidad es de más valor para él que la silla; recíprocamente ocurre con quien compró la silla. Por tanto, ambos, después del intercambio, habían aumentado el valor de los bienes que ahora tenían en su poder con respecto a laos que poseían antes del intercambio.

Cosa diferente es el nivel de beneficios que ambas partes hayan logrado. Uno puede haber diseñado un producto y haber logrado venderlo a un precio mucho mayor que su coste de producción. Otro puede no haber ganado tanto, o incluso haber perdido porque los costes del diseño y de producción hayan sido superiores al precio de venta.

Luego habrá quien se enriquezca y quien se empobrezca...

Efectivamente. Eso es natural. La producción económica y el comercio generarán beneficios. También las pérdidas enseñarán qué decisiones económicas han sido equivocadas. Sin embargo, en esa nueva sociedad, quien obtenga ganancias económicas elevadas deseará compartirlas y destinará parte de las mismas a financiar y crear productos y servicios que puedan ayudar a los demás a crecer espiritual y materialmente. El mercado seguirá siendo apenas un instrumento de ajuste entre la oferta y la demanda. Lo que cambiará en esa nueva sociedad será el corazón del ser humano. Habrá surgido el hombre nuevo, que tendrá una actitud plena de amor hacia los demás.

¡El hombre nuevo! Marx usaba también ese término. ¿Por qué se critica tanto al marxismo? ¿No era su intención suprimir las desigualdades y hacernos a los hombres hermanos?

La crítica al marxismo se basa en dos razones fundamentales. Primero, porque su concepto filosófico materialista es falso. No se corresponde con la realidad del origen de los seres ni del sentido de la vida. No provenís de la mera materia. No sois mera materia. Segundo, porque induce a adoptar una vía revolucionaria dictatorial y sanguinaria para plasmar en la sociedad sus ideales.

La pretendida buena voluntad del marxismo no fue tal porque el materialismo filosófico marxista justificaba la eliminación de los oponentes a la revolución. Los consideraba mera materia y no aceptaba que el proceso revolucionario se tuviera que posponer hasta que se hubiese logrado convencer a los capitalistas antirrevolucionarios que se oponían al cambio.

Ha habido y hay otros conceptos filosóficos materialistas, como el del anarquista Proudhom, pero al no venir acompañados de una praxis revolucionaria no pretenden lograr el cambio social mediante la violencia sanguinaria. Por otra parte, el auténtico materialismo, aunque no propugne cambios sociales violentos consiste en una actitud de dar prioridad a los goces sensoriales y al consumo material frente a los valores de la fraternidad, de la libertad, de la justicia. Por ello también entre los capitalistas e incluso entre la gente pretendidamente religiosa hay muchos materialistas prácticos que no creen y, lo que es peor, que se oponen a una nueva sociedad en libertad en la que podamos ser hermanos y en la que pueda florecer el Hombre Nuevo.

En ese mundo utópico del que hablas parece que no sería necesario el Estado, se habría llegado a la revolucionaria desaparición del Estado, como sugería Engels en su libro "Origen de la familia, la propiedad privada y el Estado".

Ya he observado que admiras a Engels y a su obra. Ciertamente se trata de un libro muy interesante. Sin embargo, el Estado, contrariamente a lo que pensaba Engels, no es por naturaleza malo. Es simplemente una forma de organizar la vida en una sociedad compleja. La vida social requiere tomar decisiones constantemente sobre múltiples temas: dónde construir, qué sistema de transportes desarrollar, cómo garantizar un nivel de enseñanza suficiente, cómo organizar el comercio, cómo responder ante circunstancias imprevistas o catástrofes, etc. Dado que cada individuo no puede ser experto en todo, ni estar en todo, tenéis que dejar que exista una división natural del trabajo y también delegar en unos gobernantes que tomen las decisiones sociales generales. También es natural que existan funciones públicas, como mínimo de coordinación y arbitraje, junto a las actividades privadas. Todo ello configura al Estado como instrumento organizativo natural que existirá siempre para regir la compleja organización de las sociedades humanas

O sea que el Reino de los Cielos tendrá también una estructura organizativa, que cabría llamar el Estado del Reino de los Cielos.

Así es. Todo lo que ves en la Naturaleza respeta un orden: los átomos, los ecosistemas, la fisiología, etc. Lo mismo ocurrirá en el Reino de los Cielos, tanto en la Tierra como en la dimensión espiritual. Ahora bien, no será un orden impuesto, dictatorial, sino un sistema de organización aceptado por todos.

¿No estarás sugiriendo que la democracia será la fórmula natural por la que se regirá el Reino de los Cielos?

Te responderé con una pregunta. Imagina que eres miembro de una familia numerosa de 10 ó 12 hermanos. Imagina que sois todos adultos ¿te gustaría poder opinar? ¿Te gustaría participar en la toma de decisiones? ¿O, por el contrario, preferirías no ser consultado y que fueran los demás los que tomaran las decisiones sobre todos los aspectos de la vida en común?

Obviamente, me gustaría que se tomara en consideración mi opinión.

Luego si tú quieres que cuenten contigo, es natural que los demás piensen lo mismo y que quieran, por tanto, tomar parte en las decisiones.

Queda claro que resaltas decididamente el derecho de todos los seres humanos de participar en la gestión de la vida social. Ahora bien, en cuanto a sistema concreto ¿qué es mejor, la Monarquía constitucional o la República? ¿La representación proporcional o la mayoritaria? ¿La democracia orgánica o la inorgánica?

Te respondo de nuevo con otra pregunta: ¿Qué es mejor, la canasta, el mus, el parchís o el dominó? Ya sé que me vas a decir que depende; unas veces prefieres jugar a uno y otras a otro. Lo importante es su propósito: jugar. De igual manera cabe responder a tu pregunta. Lo importante es que, dentro de la sociedad, acordéis los sistemas que consideréis más adecuados para que las opiniones puedan ser oídas y las decisiones tomadas de forma ágil y eficaz.

Si luego queréis cambiar de un sistema a otro, será vuestra decisión. Lo importante es que respetéis el principio de que sois hermanos y de que debéis oíros y decidir conjuntamente, lo cual está ineludiblemente unido al amor verdadero. ¿Cómo se podría decir que se ama a alguien si se le niega el derecho a opinar y a que su voto sea tomado en consideración?

Ese mundo tan utópico es inimaginable en la práctica. Pertenece al mundo de los sueños irrealizables.

Lo que hoy te parece imposible es lo que pretende materializar la Segunda Bendición. Si los padres enseñaran a sus hijos a compartir con sus hermanos lo que tienen; si les enseñaran a considerar a los demás seres humanos como sus hermanos y a los mayores como si fueran sus padres, se habría creado un mundo solidario en el que todos os sentiríais miembros de una Gran Familia Mundial. En cualquier lugar de tu ciudad, de tu nación y del mundo te sentirías rodeado de hermanas y hermanos. No tendrías miedo a tu entorno y entonces podrías vivir tu libertad, la libertad de que hablaba Eric Fromm.

Entre hermanos no habría guerras sino cooperación, no habría ejércitos, no habría delincuencia. La propiedad sería algo de lo cual cada uno se sentiría responsable y que anhelaría utilizar para servir a los demás. Imagínate la cantidad de materias primas que se ahorrarían: ni ejército, ni marina de guerra, ni aviación militar y, a nivel más cercano, tampoco serían necesarias puertas blindadas, ni rejas, ni alarmas contra el robo, etc.

Eso provocaría la desaparición de muchos puestos de trabajo...

Efectivamente. No habría puestos de trabajo tales como ejércitos, policía represiva, vigilantes anti atracos, constructores de cerraduras antirrobo, etc... Desaparecerían muchos de los puestos de trabajo cuya función es meramente controlar a la gente porque se desconfía de ella. Sólo subsistirían los puestos de control que fueran necesarios para realizar una función constructiva, tales como la policía en sentido de ayuda, los bomberos, los controles para evitar accidentes, etc. Todo ello permitiría reducir el número de horas de trabajo por persona y tener más tiempo libre, más tiempo para investigar, para crear belleza, para relacionarse, para viajar, etc.

No suena nada mal. Ahora bien, la Segunda Bendición parece centrada en el verbo "Multiplicaos" y no tanto en la relación interpersonal.

Tienes razón. Es una forma demasiado escueta de presentar la Segunda Bendición. Lo que ocurre es que el autor del Génesis captó la importancia de la relación de pareja, que es la relación humana más íntima y delicada. Se dio cuenta de que es la relación social básica por excelencia, que se amplía en la familia y que constituye el modelo que ilumina e inspira las demás relaciones humanas.

La relación de pareja, el amor de pareja, que tanto preocupa a todos los individuos es básica porque manifiesta el grado de desarrollo que se ha alcanzado en las relaciones humanas. A su vez las relaciones sociales se ven muy afectadas cuando se tiene la relación de pareja como asignatura pendiente. Es un tema tan importante que te propongo le dediquemos un capítulo aparte.

8. EL AMOR DE PAREJA

La mayor transparencia y el mayor flujo de información de la sociedad actual ha puesto más de manifiesto los conflictos de pareja, las separaciones y los divorcios. Por otro lado, la mayor libertad social, la equiparación de los sexos, el acceso de la mujer al trabajo y su creciente independencia económica respecto al marido han sido factores determinantes que han contribuido a denunciar problemas que antaño se reprimían o toleraban.

La mujer, que tradicionalmente se encontraba sometida al hombre y que en razón de su sumisión sufría más la crisis de la pareja, ha empezado a no estar dispuesta a continuar aceptando la rutina, la infidelidad y los malos tratos psicológicos o físicos. Por su lado, el hombre en el marco de libertades de las sociedades occidentales de hoy y, en particular, en los grandes núcleos urbanos, ha encontrado mayores oportunidades para romper la unidad conyugal cuando no le resultaba satisfactoria.

En consecuencia, la estabilidad, en muchos casos forzosa, de la pareja tradicional se ha roto y cada vez hay más personas se enfrentan a la contradicción de anhelar, por un lado, el amor de pareja, pero, por otro, considerar que no puede ser duradera. Dios me ha dicho que le vamos a dedicar todo un capítulo a este tema. Veamos que nos puede decir, a ver si nos aporta alguna luz, alguna solución...

Dios, antes me dijiste que desarrollar una excelente relación de pareja tiene una importancia extraordinaria

93

para el desarrollo de las demás relaciones sociales. No te lo voy a discutir, pero ¿cuántas parejas funcionan bien? Balzac era muy pesimista al respecto, pero muy realista y muchos compartirán su opinión cuando decía "Se puede amar sin ser feliz; se puede ser feliz sin amar; pero amar y ser feliz es un prodigio".

Balzac fue hijo de su realidad social y la describió con acierto. Sin embargo, el futuro será distinto. La era del amor está al llegar y en tu misma generación observaréis cambios radicales en el tema de la pareja y de la familia. Cambios que no irán en el sentido en que parecen ir las cosas hoy, sino en la línea de reafirmar la pareja heterosexual estable y de reconocerla como el auténtico camino para la felicidad.

Hablas de la pareja monógama estable, hombre y mujer. Sin embargo, la exclusividad de la pareja provoca celos, envidias, frustraciones en las relaciones con otros hombres y mujeres. ¿No sería mejor un matrimonio colectivo? Platón cuando exponía su ideal social en "La República", decía que la casta de los guerreros tendría todo en común "que ninguno tenga nada suyo, a no ser absolutamente necesario"[9] y que incluso "las mujeres serán comunes todas y para todos; ninguna de ellas cohabitará en particular con ninguno de ellos; los hijos serán comunes y los padres no conocerán a sus hijos ni éstos a sus padres".

Platón proponía el comunismo a ultranza en la casta de los guardianes como forma para evitar egoísmos y rivalidades. Pretendía que de esta forma se forjara *"una comunidad de placeres y penas"* en la que todos se regocijaran con *"las mismas felicidades y se afligieran con*

---

[9] Platón. "La República o el Estado" Ed Austral. Espasa Calpe. Madrid.

las mismas desgracias". De esta forma Platón creía que se reforzaría la cohesión entre todos los miembros de la casta para que pudieran continuar realizando su función de guardianes del orden social, sin que se produjesen crisis internas entre ellos que pudieran despertar egoísmos individuales y perjudicar el ejercicio de su papel. Pero su teoría estaba equivocada y era inaplicable.

No sólo Platón, también otros dejan la puerta abierta a algo similar. Por ejemplo, Engels, en su libro "Origen de la familia, la propiedad privada y el Estado"[10] estima que el modelo original de sociedad humana, que se dio en las tribus primitivas, era la comuna en la que todos eran mujeres y maridos de todos. Posteriormente, se fueron restringiendo las relaciones entre hijos de una misma madre por razones de consanguinidad, probablemente porque se observaron que nacían hijos con defectos. Estas restricciones fueron ampliándose a otros niveles de parentesco. No obstante, se mantuvo la libertad de relación sexual entre los individuos de la comunidad, una vez respetadas esas limitaciones.

Y ahora continuarás explicando cómo evolucionó desde ese hipotético modelo comunal hasta la situación actual.

Efectivamente, la aparición de la propiedad privada hizo evolucionar esa forma de matrimonio comunal hacia formas de poligamia. La propiedad era esencialmente rural y había que tener personas que se ocuparan del ganado y de las tareas agrícolas. La mejor forma de tener esa mano de obra creando una gran tribu familiar, en la que el

---

[10] Engels. Origen de la familia, la propiedad privada y el Estado. Ed.Fundamentos Madrid.

patriarca tenía muchas mujeres que le daban numerosos hijos al padre-propietario).

Por ello, los matrimonios, según Engels, han estado marcados en toda la historia reciente por razones económicas y "no se concertarán con toda libertad sino cuando se suprima la producción capitalista y las condiciones de propiedad que conlleva". Sin embargo, Engels reconoce que "el matrimonio fundado en el amor sexual es, por naturaleza propia, la monogamia" aunque dice que la igualdad entre hombre y mujer hará desaparecer la indisolubilidad y añade que como "la familia es producto del sistema social... si la familia monogámica no llegase a satisfacer las exigencias de la sociedad, es imposible predecir cuál será el modelo que la sustituirá"

Estas afirmaciones son un tanto contradictorias pues parecen reconocer que el hipotético matrimonio comunal que existía al principio no volverá. Si era el modelo utópico ¿por qué no vuelve?

Engels fue un gran pensador que se exigió así mismo un gran rigor en la formulación de sus conclusiones, lo cual le llevó a dejar traslucir sus propias dudas en sus ideas. Muchos de sus lectores las pasan por alto, pero tú eres Dios y las has subrayado.

Hay una gran contradicción en el análisis de Engels sobre la familia: si la propiedad privada fue la causa de la eliminación del matrimonio comunal primitivo ¿por qué cuando se elimina la causa (la propiedad privada) no se vuelve a generalizar el matrimonio comunal?

Debo reconocer que ese interrogante existe y que al principio se lo plantearon los ideólogos comunistas. Los burgueses les acusaron de querer destruir la familia tradicional monógama. Marx y Engels, en el propio "Manifiesto Comunista" replicaron a la acusación de la burguesía de que el comunismo pretendía colectivizar a las mujeres, diciendo que de hecho "los burgueses sienten una grandísima fruición en seducirse unos a otros sus mujeres" y que "en realidad, el matrimonio burgués es ya una comunidad de esposas" por lo que "a lo sumo, podría reprocharse a los comunistas el pretender sustituir este hipócrita y recatado régimen colectivo de hoy por una colectivización oficial, franca y abierta de la mujer"

Veo que eres un buen conocedor del marxismo, pero debes tener en cuenta que el modelo marxista ha fracasado. Por tanto, debes analizar cuidadosamente todas sus propuestas y sugerencias. Cuando algo fracasa, después de haber alcanzado tan altas cotas de poder, conviene estudiar si era algo falso en sí mismo o si tan sólo fue mal llevado a la práctica.

Soy consciente del fracaso del marxismo como constructor de un sistema económico y social. Personalmente, rechazo su sistema dictatorial, su pretendida y minuciosa ordenación de la vida económica y su negación del mercado y de la propiedad privada. Todo ello coarta la libertad e impide que el ser humano pueda manifestar su creatividad en el ámbito social y económico. Sin embargo, las reflexiones de Engels respecto al origen y futuro de la familia resultan sensatas e, incluso, parecen confirmadas por la realidad presente. En las sociedades occidentales la equiparación de la mujer con el hombre está contribuyendo a evitar que la esposa quede sometida al marido por razones económicas y es un freno a la prepotencia del hombre. Hoy en día la mujer, en especial si tiene un trabajo, no se ve en la obligación de seguir viviendo con un marido déspota que la usa como objeto sexual y la tiene como esclava. La indisolubilidad del matrimonio está en plena crisis.

Coincido contigo en que la igualdad entre mujer y hombre es un gran avance para construir el mundo ideal. Todos los seres humanos sois carne de mi carne y cuando no actuáis con amor me producís dolor. A lo largo de la historia humana he sufrido intensamente por la frecuente marginación y explotación a que la mujer ha sido sometida por el hombre. Hoy la creciente igualdad entre hombre y mujer ha permitido que el cónyuge oprimido o maltratado pueda escapar de esa situación.

Muchas veces he sentido una profunda tristeza por la tergiversación de la frase de mi hijo *"lo que Dios ha unido que no lo separe el hombre"*. ¿Quién puede atribuirme a mí la responsabilidad de haber unido determinados matrimonios? La mayor parte de ellos se forman sin consultarme, sin realizar el menor esfuerzo por pedirme mi opinión, sin ni siquiera orar para que los inspire. Después, cuando comienzan los problemas, se me atribuye el haberlos unido. Si no parten de un proyecto de vida que yo pueda avalar ¿cómo pueden afirmar que yo he unido ese matrimonio?

En cuanto a la indisolubilidad del matrimonio monógamo debo decirte que el divorcio es una válvula de escape justísima en el momento presente para situaciones de terrible conflicto. No interpretes que al decir esto estoy a favor del divorcio en todos los casos, pues lamentablemente se recurre al divorcio por causas nimias o muy egoístas.

Dios, el egoísmo es contrario a la fraternidad y por tanto rechazable. Sin embargo, la fraternidad se manifiesta en compartir con el hermano. Por tanto, ¿no sería lógico que se puedan compartir las esposas y los esposos dentro de un contexto de amor total y solidario? Las comunas anarquistas y hippies han propugnado el matrimonio colectivo. ¿Hay algún modelo de matrimonio colectivo que pueda funcionar?

Dado el nivel de promiscuidad que existe en muchas sociedades actuales, cabría decir que en la práctica se da, en muchos casos, un matrimonio colectivo no declarado, una poligamia oculta o, como algunos denominan, una monogamia discontinua. Sin embargo, en el mundo ideal, en el mundo feliz del futuro, en el que manifestaréis vuestra esencia divina, no habrá matrimonio colectivo ni poligamia ni monogamia discontinua o intermitente. El modelo de relación feliz que tenéis inscrito en vuestra propia naturaleza es el de parejas únicas, consolidadas, eternas.

Vale como declaración de intenciones, pero está totalmente alejada de la realidad presente o pasada. Lo que se observa es todo lo contrario. Prolifera el divorcio y la formación de parejas de duración efímera, con vínculo o sin vínculo legal. Además, parece existir un conflicto entre felicidad y estabilidad en la pareja. Parejas estables y a la vez felices hay muy pocas.

Así es el estado actual de vuestro mundo y eso os parece lo normal, lo natural incluso. La cultura en que vivís os impulsa a ello. En todas las películas en las que se narra la historia de un amor apasionado, los modelos que se presentan os llevan a no creer en la pareja única y estable. Recuerda *"El hombre que susurraba a los caballos"*, adulterio. *"Los puentes de Madison"*, adulterio; etc. etc. Vuestra sociedad tiende a enseñaros que el amor apasionado es efímero y que no puede darse de forma duradera en el matrimonio estable. Hay frases que así lo expresan y que os suenan muy bien. Por ejemplo, el brasileño Vinicius de Moraes decía hablando del amor *"que no sea eterno puesto que es llama, pero que sea infinito mientras dure".* La frase es atractiva, romántica, poética. Exalta el ansia de lo inalcanzable y la importancia de que la relación sea valiosa, intensa, infinita. Pero también incluye la aceptación de que el amor de pareja está destinado a apagarse, a terminar, dando por hecho que el amor no puede ser eterno.

Insisto en que eso es real como la vida misma. El amor de pareja parece que, aún en el mejor de los casos, tiene fecha de caducidad.

Ya te dije que una cosa es lo que existe y otra lo que es. Vuestras propias normas legales consideran que el delincuente no lo es por naturaleza y que por ello hay que darle la oportunidad de reinsertarse en la sociedad. Tú existes ahora mismo como ser humano, pero eres dios y un día tu existencia y tu esencia deberán confluir. Deberás existir como dios y ser dios. Recuerda que yo soy la esencia de lo masculino y lo femenino, por ello mi auténtica representación es la pareja, no el individuo. La pareja es la suma de lo masculino y de lo femenino y hereda mi poder creador, que le permite alumbrar nuevos hijos, nuevos dioses.

Pero ¿por qué son tan inestables las parejas? ¿Por qué se rompen tan frecuentemente?

La construcción de cualquier cosa requiere un proyecto previo y un esfuerzo para realizarlo. Igual ocurre en la construcción de la pareja. La educación, la cultura, las pautas habituales de comportamiento, no os ofrecen el proyecto adecuado ni os predisponen para hacer esfuerzos. Se os ha enseñado a buscar el enamoramiento, el apasionamiento, el aspecto superficial y epidérmico del amor.

Luego, cuando ya os conocéis un poco más, os desencantáis fácilmente de vuestra pareja, porque no cubre todas las expectativas que teníais, vuestros deseos de pretender resumir la infinitud y la pluralidad en una sola persona. Si es rubia os defrauda que no sea morena; si es habladora os molesta que no sea silenciosa; si es activa os disgusta que no os deje tiempo para la tranquilidad, etc, etc. Otra frecuente razón de desencanto radica en que deseáis que vuestra pareja sea una constante fuente de emociones y al no ocurrir así consideráis que no os satisface porque no cubre vuestra ansia de novedades y de sorpresas. Buscáis en la pareja, ante todo, recibir estímulos en vez de aportar vuestro esfuerzo a construir un proyecto común.

¿Cómo mantener la pareja cuando desaparece el enamoramiento? No me negarás que en muchos casos el esfuerzo requerido para mantener la pareja puede ser sobrehumano.

No, no te lo niego. El esfuerzo puede llegar a ser más que sobrehumano. Se requiere un esfuerzo divino, perdona la ironía, pero mientras que los hombres miréis con ojos "humanos", mientras que no miréis desde vuestro yo profundo, desde vuestra naturaleza divina, no tendréis fuerzas para construiros la felicidad.

Y, ¿cómo lograr mirar desde nuestra naturaleza divina? ¿Cuál es el secreto para hacerlo?

El secreto es el proyecto del verdadero amor, un proyecto oculto que la Humanidad todavía no ha descubierto.

¿Oculto? ¿Quién lo ha escondido? ¿Dónde se halla?

Los errores iniciales de la Humanidad lo ocultaron y el paso de las generaciones lo fue sepultando y lo hizo increíble e inimaginable. El día en que lo descubráis os preguntaréis cómo ha sido posible que no vierais algo tan evidente. Se esconde en el fondo de vuestro corazón. Fue sepultado desde el principio de los tiempos por la desobediencia y la prisa y, sobre todo, por el egoísmo que fue la causa de todos los problemas. Sin embargo, ha llegado la era en que el verdadero amor se está manifestando y vais a llegar a poder percibirlo, entenderlo y realizarlo.

Dices que nos creaste para ser felices. Entonces ¿por qué nos ocultaste la clave de la felicidad?

No os la oculté, sino todo lo contrario. Os tutelé y os la intenté desvelar, pero yo no podía ni puedo inmiscuirme en vuestra libertad como seres humanos. Vuestros antepasados tomaron decisiones que yo no quería, pero que tampoco podía impedir por respeto a su libertad. Si lo hubiera impedido, si los hubiera programado para actuar ciegamente siguiendo leyes impuestas, los hubiera convertido en animales, en robots, en otra especie de monos. No habrían sido seres humanos. La libertad implica responsabilidad. Son las dos caras de una misma moneda.

Suena insinuante lo que dices. ¿Podrías ampliar las explicaciones sobre este tema?

La clave de la felicidad, el amor, brilla tanto más cuanto más se acerca uno a ella, pero, si no se tiene sabiduría, su brillo puede producir deslumbramiento y ceguera. El amor se intensifica con la proximidad. La relación de amor puede ser más intensa, más radiante, más plena cuanto más conoce el amante al objeto de su amor.

Un botánico cuanto más conoce la naturaleza tanto más la ama; cuanto más conoce el funcionamiento y la utilidad de una planta tanto más se siente unido a ella. Igual te ha ocurrido a ti, cuando has conocido y practicado algún deporte, algún hobby. Lo has sentido más tuyo. Has podido amarlo más.

Sí, así es. No puedo negar que cuando más se entiende de un deporte o de un arte tanto más se le aprecia. Sin embargo, en la práctica, en la relación humana, parece que amamos más a una persona al principio, cuando nos es más desconocida, y a medida que la vamos conociendo la pasión amorosa se va apagando.

Te refieres al enamoramiento, a la fase de pasión inicial que surge al intimar. El descubrimiento de que uno se refleja o se complementa en el otro, da lugar a una atracción inicial, a un enamoramiento, a un deseo de unirse con el ser objeto del enamoramiento. El problema reside en que, cuando no se tiene sabiduría, ese acercamiento produce ceguera. La falta de sabiduría es la causa de que la consumación del amor apague la pasión amorosa. No hay que confundir el Amor con mayúsculas con el enamoramiento. El verdadero amor se construye con el tiempo y es mucho más fuerte y apasionado.

En la cultura que la Humanidad ha creado os habéis acostumbrado a consumir y apagar esa atracción inicial en vez de desarrollarla en amor verdadero y permanente. Sin embargo, Yo me enamoro de todos los seres que surgen en el universo y los amo. Todos reflejan algo de mí y yo me veo en ellos. Estoy enamorado y a la vez amo al Universo y a todos los seres que en él se contienen y ese enamoramiento se hace más fuerte con el transcurso del tiempo y con la relación.

Has dicho que estás enamorado y que amas a todos los seres del Universo pues todos reflejan algo de ti. ¿Estás también enamorado de los asesinos, de los tiranos? ¿Te sientes también reflejado en ellos?

103

Hay una diferencia esencial entre los seres que no tienen consciencia de sí mismos (minerales, vegetales y animales) y los seres que sí la tienen. Los primeros son siempre verdaderos, tal y como son, y por ello me reflejan. No hay lugar en ellos para la falsedad. Son como son, manifiestan su esencia. Por el contrario, los seres conscientes, vosotros, mostráis aspectos verdaderos y falsos.

Jesús me reflejaba plenamente porque fue un hombre verdadero. Era mi hijo, el hijo de Dios. Sin embargo, vosotros no me reflejáis de forma plena. Os amo: sois carne de mi carne y sangre de mi sangre, pero no puedo amar la parte falsa que hay en vosotros. Iría contra mi propia naturaleza. El día que eliminéis lo falso nuestro amor será mutuo, divino, celestial, explosivo, dulcísimo y apasionado.

Ese día vosotros habréis encontrado la sabiduría. Ese día yo podré vivir con vosotros la plenitud de mi amor. A partir de ese momento vuestros enamoramientos no serán pasajeros. A la pasión inicial no le seguirá el frío del olvido sino un fuego eterno, expansivo, un manantial de agua viva que brotará inagotablemente y que os conectará intensamente con todos los seres del Universo.

Todos queremos ser amados ¿por qué entonces tanta infelicidad? ¿Cuál es la línea de separación entre el Amor Falso y el Amor Verdadero? ¿Cuál es la cualidad, cuál es la característica que los diferencia?

Esa es la pregunta fundamental. Dar respuesta a ello es encontrar el elixir de la inmortalidad que ansiaban los alquimistas, transmutar la infelicidad en felicidad, el pesimismo en esperanza, la maldad en bondad, la fealdad en belleza.

Te explicaré: El ansia de alegría mana de vuestro centro vital, de vuestro plano más profundo, de vuestro corazón. Sois como yo. Esa ansia de alegría se satisface a través del amor en sus tres vertientes: amor a vosotros mismos, amor a vuestros semejantes (ahí quedo yo incluido) y amor a los demás seres. El problema surge cuando, al intentar satisfacer ese anhelo, aplicáis el modelo equivocado que os ha enseñado vuestro mundo, que os han enseñado vuestros padres. Recuerda que Jesús dijo: *"Sois hijos de vuestro padre el diablo"*. A través de Lucifer aprendisteis a usar mal del amor. Os enseñó el amor falso. Buscaba su felicidad y causó su desdicha y la vuestra.

Pero Lucifer fue creación tuya. ¿Por qué nos diste al Maestro Malo, al Engañador?

El no era malo. Era inmaduro. Tenía que crecer hacia la madurez y en ese camino se equivocó y se engañó así mismo. Creyó que alcanzaría la felicidad yendo a buscar recibir amor. Fue un error radical. De todas formas, si te parece bien, abordaremos la clave de esa confusión cuando hablemos del origen del bien y del mal. Primero, permíteme que te explique cuál es el modelo ideal de amor de pareja, ese modelo que algún día, más pronto de lo que piensas, se hará realidad.

De acuerdo. Continúa explicándome el modelo ideal de amor de pareja.

La felicidad no es la meta. Es la recompensa. Vosotros y yo, somos seres de amor. Manifestar el amor es lo natural. Todo sujeto amante debe dar su amor al objeto amado. Cuando buscáis, ante todo, ser amados estáis actuando contra natura. Queréis ser sujetos amados en vez de sujetos amantes. Queréis mantener vuestra posición como sujetos y, a la vez, recibir amor, pero esa no es la ley celestial. El amante es el sujeto y el amado es el objeto. La norma divina consiste en que el amante da amor y el amado lo recibe. En el amor todo sujeto, para ser feliz de forma duradera, real y verdadera, debe tener muy claro que su propósito es manifestar su amor al objeto amado.

Esa es la intención de la mayoría de los enamorados, ¿por qué no funciona?

No, no es cierto que esa actitud sea la intención básica de la mayoría de los enamorados. La sociedad os ha enseñado a buscar recibir amor, a buscar ser queridos. No a amar a los demás. También se aplauden los gestos heroicos de amor que se encuentran, a veces, en el cine y en la literatura, pero no es frecuente que se pretenda adoptarlos como modelo.

El verdadero amor implica compromiso y esfuerzo hacia el ser amado. Requiere que el sujeto amante ayude a hacer crecer al objeto amado. Además, no basta con la mera buena intención. Para realizar cualquier actividad, cualquier profesión, cualquier deporte es necesario saber cómo hacer. En el amor ocurre lo mismo. El núcleo del fracaso de todas las sociedades y culturas humanas radica en su desconocimiento de las leyes del Verdadero Amor. Ninguna sociedad humana enseña, hoy por hoy, estas leyes. Las escuelas no incluyen el Amor entre sus asignaturas.

Sin embargo, hay casos de relaciones humanas en los cuales el amor alcanza, de forma espontánea, una expresión muy elevada, como por ejemplo en el amor de las madres por los hijos.

Así es. Has elegido uno de los ejemplos que mejor reflejan el verdadero amor. El amor paternal suele manifestar de forma intensa una característica esencial del amor verdadero: en muchos casos el sujeto amante, padre o madre, tiene como propósito, como preocupación central, cuidar, hacer crecer, dar lo mejor a los hijos.

La dificultad se plantea en saber qué es lo mejor para los hijos ¿En qué consiste un verdadero cuidar de los hijos? Cuando el hijo es bebé, el cuidado de los hijos suele realizarse de forma espontánea, modélica, casi divina. Sin embargo, cuando los hijos se hacen mayores, el amor paternal suele fallar, porque debe hacer crecer a sus hijos, no ya en el plano meramente físico (alimentación y cuidados) sino en el espiritual (valores, actitudes, conducta). Desgraciadamente, a menudo, los padres carecen de suficiente sabiduría. Transmiten lo que sus padres, su sociedad, les transmitieron a ellos.

La realidad es que desconocen el verdadero amor. Por ello, tienen muchas dudas sobre cómo educar a los hijos; no saben qué modelo de vida proponerles. En muchos casos se limitan a impulsarlos a tener éxito profesional y a lograr una buena posición económica. Pero eso no es amor verdadero. Es una propuesta de amor egoísta: preocuparos, les dicen, primero por vosotros y, más tarde, con lo que sobre, ya os preocuparéis por los demás. Los hijos suelen asumir esas pautas de comportamiento, ese amor de segunda clase. En consecuencia, las sociedades de las que forman parte reflejan esa falta de amor verdadero y de una verdadera fraternidad.

¿Qué es lo que falla en el modelo de amor que los padres transmiten a sus hijos?

El amor paternal suele fallar, principalmente, en un aspecto: tiene horizontes limitados. Suele quedar restringido al ámbito exclusivo de la familia o incluso de la mera unidad familiar. El resto de las familias de la sociedad no son consideradas miembros de vuestra familia. Se las percibe como competidoras contra las que hay que luchar por razón de intereses personales y si no luchar, al menos negociar o intercambiar, pero no dar. Salvo raras excepciones, no se considera adecuado mantener permanentemente, una actitud generosa hacia los demás ciudadanos. No se los percibe como parte de una gran familia social. Los hijos aprenden este modelo de amor limitado, un amor interesado, un amor de te doy porque me das, y ello les provoca problemas también cuando forman pareja.

Volvamos al caso de los enamorados para ver si logro entender con claridad tus explicaciones.

En la cultura actual se pone más énfasis en el enamoramiento que en amar. Se cree que el enamoramiento, la fase inicial de ilusión y descubrimiento, es el amor verdadero. Ello se debe a que en la sociedad actual no se suele conocer la dimensión real del verdadero amor y por eso no se valora todo su poder, toda su fuerza, todo su fuego. Permanecéis en la etapa de amor infantil como niños ricos malcriados que solo valoran un juguete en el momento de recibirlo y que, a continuación, lo desdeñan porque no han sido capaces de entablar una relación con él y captar todo su potencial.

Frecuentemente ansiáis uniros con otras personas, ansiáis crear una relación de amor que os lleve más allá de vosotros mismos como individuos. De pronto os encontráis con alguien cuyas cualidades admiráis, ya sea su belleza, su simpatía o su honestidad y se enciende el fuego. Entonces, muchas veces sin ni siquiera dar tiempo a que se clarifiquen vuestras emociones, os echáis uno en brazos del otro y os poseéis mutuamente. Vivís una explosión de amor y, a continuación, desgraciadamente, en la inmensa mayoría de casos, contempláis cómo se va apagando, degradando y, al final, se extingue ese amor. ¿Cuál es la causa fundamental?: No os han enseñado a amar. No habéis comprendido que el amor es, ante todo, dar, cuidar a todo lo que os rodea.

Llegasteis al amor, tras el enamoramiento, sin un proyecto verdadero para vuestra pareja y para el futuro.

Pero ¿dónde está nuestro error? ¿Cómo debería ser un verdadero proceso de enamoramiento?

La sociedad, la cultura, os han engañado, os han hecho creer que el proyecto del amor tan sólo debe durar lo que dura el apasionamiento por descubriros y poseeros mutuamente. No es así. El proyecto del verdadero amor no consiste en conocer y poseer mutuamente lo que sois ahora sino, fundamentalmente, en ayudar al otro a desarrollar lo que es. El hecho de conocer lo que el otro es en un momento determinado, es efímero. El poseer al otro se agota en sí mismo. Por el contrario, el hecho de ayudar al otro a que manifieste todo su potencial es eterno. Es inagotable, porque cada uno de vosotros guarda dentro de sí un infinito.

Si mantenéis un desarrollo continuo, cada día seréis una nueva persona para vuestra pareja, pues sois lo que erais ayer más lo que habéis construido hoy. Y así, paradójicamente, el amor verdadero hará que, cada día, podáis poseeros mutuamente con el encanto de encontraros con alguien que une a su pasado lo que acaba de construir en su presente. Cada día sois distintos de ayer, sois algo más que ayer. A vuestra pareja le pasa lo mismo. Así, en el verdadero amor, no queda lugar para la monotonía. Sois personas en permanente expansión, que podéis resultar cada día sorprendentes para vuestra pareja lo cual estimula y reafirma vuestra unión.

Si a ello añadís el valor de toda vuestra historia en común, vuestra unión será tan fuerte que será difícil que pueda pesar más el deseo de tener una relación sexual con otra persona. La infidelidad dejará de ser atractiva de forma natural y sin sensación de represión alguna. ¿Acaso ibais a estar dispuestos a cambiar el valor acumulado de una relación de pareja forjada con los años por una nueva relación de pareja que habría que empezar a construir desde cero? ¿Acaso valdría la pena optar por tener una relación de amor sexual con alguien, tal vez físicamente más atractivo que vuestro cónyuge, pero que no arrastra toda una historia en común de vivencias, de unión, de sinceridad y de verdad entre ambos?

Suena razonable pero como dice el refrán "el corazón tiene razones que la razón no entiende" ¿No podría ocurrir que, aún en una cultura de amor verdadero, nos atrajera sexualmente otra persona distinta de nuestra pareja?

Por supuesto que sí, ya que eso que llamáis la "química" entre dos personas existe y existirá siempre, pero también existe "química" con un grandioso volcán en erupción, o con un precipicio vertiginoso. Tal vez os apeteciera saltar para abrazar la lava luminosa o volar por el abismo. Sin embargo, no os arrojáis al volcán o al precipicio porque sabéis que ello conllevaría la destrucción de vuestro ser físico. Vuestro cuerpo físico no está hecho para abrazar la lava ni tiene capacidad para volar. De igual forma en el futuro, en el reino de la Verdad, sabréis, cuando hayáis entendido el Verdadero Amor, que la "química" de lo físico o de lo novedoso es muy inferior a la "química" del Amor Verdadero, construido mediante vivencias y esfuerzos comunes. Sabréis, sentiréis en vuestro ser, que el amor verdadero de pareja es único y exclusivo.

Entonces ¿tendremos que reprimirnos esa "química"?

Cuando surja, eventualmente, una "química" entre vosotros y una tercera persona, sabréis que la podéis reconducir al plano fraternal, donde podrá manifestarse en libertad y plenitud. Porque, así como en el plano sexual la relación es exclusiva, en el plano fraternal la relación es infinita y universal. Todos tienen cabida. Todos pueden ser vuestros hermanos y hermanas. Vuestra pareja seguirá siendo vuestra única pareja, pero eso no impedirá que, sin miedos, sin tener que ocultar nada, podáis construir una intensa relación fraterna con esos otros terceros y terceras que aparezcan en vuestra vida. Así añadiréis a vuestra familia nuevos y múltiples hermanos y hermanas y continuaréis ampliando el horizonte de vuestras relaciones y ese mundo será el Reino de los Cielos para vosotros.

9. El SER HUMANO Y LA NATURALEZA

Mis experiencias en la montaña, como boy scout, desarrollaron mi amor por la Naturaleza. Descubrí y saboreé los momentos grandiosos de belleza de la noche estrellada, o de un atardecer, o simplemente del color de los pétalos de una flor vistos con una lupa de aumento. Me dí cuenta de que son instantes mágicos, intensos, en los que parece que el corazón se desborda. Por todo ello me resultaron muy interesantes las ideas que Dios me comunicó, respecto a la relación entre el ser humano y la naturaleza, en la conversación siguiente...

Dios, ¿cuál debería ser nuestra relación con la Naturaleza?

El secreto, hijo mío, se encuentra revelado, de forma muy sintética, en el Génesis. Su autor puso en mi boca esta instrucción a Adán y Eva: "Dominad sobre todo lo creado". En ella se resume la clave de cómo debéis tratar a la Naturaleza.

Dices que la frase del Génesis "Dominad sobre todo lo creado", es la síntesis de la Tercera Bendición. Sin embargo, la frase en sí parece un tanto opresora: dominad, dominad...

Domus, en latín, significa casa y dominus, señor. La Tierra es vuestra casa y os hice para que seáis dueños de ella. Lamentablemente vuestra cultura ha cargado las palabras dueño y señor de connotaciones negativas y mucho más aún la palabra dominio. El verdadero dominio es el dominio por amor. Las cosas pertenecen a quien las ama verdaderamente. Vuestros títulos de propiedad humanos están, en muchos casos, muy alejados de los títulos celestiales de propiedad. Amar una cosa verdaderamente es contribuir a que cumpla su propósito. El uso egoísta de las cosas no es el verdadero dominio a que alude la tercera bendición bíblica. Quien verdaderamente ame su finca la cultivará, esforzándose por respetar el equilibrio ecológico y estará encantado de ponerla al servicio de toda la Humanidad.

Dios, ¿es importante para el ser humano la relación con la Naturaleza?

Muy importante, hijo mío. Se ama más si se conoce mejor al ser amado. En muchos casos el conocimiento se refuerza mediante la analogía y la comparación. Así, dices que un niño tiene la piel de melocotón porque lo asocias con la tersura de esa fruta, o que su risa es cristalina por la limpieza de su tono. Las analogías te hacen más fácil entender las cualidades y la unidad esencial que existe en el Universo. Así, cuando ves la inmensidad del horizonte o el orden que se establece entre las plantas que componen un bosque o la vitalidad de una enredadera que pugna por trepar por una pared, etc, percibes características mías y me puedes entender y apreciar más.

Algunos psicólogos y terapeutas recomiendan el contacto con la naturaleza para facilitar el equilibrio mental. Yo comparto ese punto de vista ¿cuál es la causa de que la naturaleza nos aporte paz y vitalidad?

Hay dos razones principales. Por un lado, el contacto con la Naturaleza suele venir acompañado de una separación de vuestra conflictiva sociedad humana. Os alejáis, aunque sólo sea temporalmente, de las tensiones creadas por las envidias, los resentimientos, etc. Todo ello contribuye a ayudaros a reencontrar vuestro auténtico ser.

No obstante, esta es la razón menos importante de los efectos positivos del contacto con la Naturaleza.

La causa principal de su efecto benéfico radica en las características de la Naturaleza en sí misma. Los seres que la componen reflejan, de forma plena y permanente, las leyes divinas, los equilibrios físicos, la armonía de sus respectivas características biológicas. No hay maldad en la Naturaleza sino tan sólo un fluir de mi esencia manifestada en su existencia. Por ello, en el contacto con la Naturaleza me intuís a mí y de ahí surge paz y vitalidad.

Sin embargo, algunos seres de la Naturaleza, por ejemplo, las serpientes, no transmiten esa sensación de paz e inclusive se las asocia con seres maléficos.

Vuestra cultura hace esa asociación entre la serpiente y el mal. No todas lo hacen. Hay inclusive algunas que ensalzan a esos animales y las consideran la manifestación más expresiva de mi divinidad. Hay quienes ensalzan la vaca y quienes admiran al cordero; hay quienes comen animales, como los caracoles, que otros consideran repugnantes, etc. Generalmente se trata de diferencias culturales de valor secundario. No son esenciales, no son básicas. La realidad es que todos los seres de la Naturaleza son mis criaturas y cuanto más se los estudia y conoce, más se valoran sus características, más interesante resulta su forma de vivir su existencia y más se les aprecia.

¿No hay entonces, en la naturaleza bosques embrujados, zonas malignas, lugares y seres endemoniados?

La Naturaleza existe para ser dominada por los seres conscientes. De forma natural me refleja a mí, pero si algún determinado ser, o su entorno, se encuentra utilizado con frecuencia por seres malvados puede quedar impregnado por las vibraciones espirituales negativas que emiten éstos.

Por ello, las personas sensibles pueden percibir en determinados lugares el dolor de la naturaleza por haber sido abusada por un incendio imprudente, por un vertido contaminante, por la falta de respeto de quien la trata como un cubo de basura. También pueden existir lugares en los que se han realizado rituales de brujería o actividades perversas voluntarias y repetidas. En esos casos la Naturaleza puede quedar contaminada, manchada espiritualmente y no aporta paz sino inquietud, no aporta luz sino contradicción y desasosiego.

Una de vuestras responsabilidades es liberar a la Naturaleza de las consecuencias que ocasiona la existencia del Bien y del Mal. Para ello debéis entender su origen e iniciar un proceso de restauración para eliminar el Mal de vuestro corazón, de la sociedad humana en su conjunto y, por ende, de su impacto en la Naturaleza. Todos anheláis la luz; buscadla, vividla y difundidla. La Naturaleza os lo agradecerá.

Los ecologistas propugnan un más intenso respeto a la Naturaleza. Imagino que esto es una actitud correcta.

En efecto. En términos generales el ecologismo es una manifestación del anhelo natural que tiene vuestro corazón de realizar y vivir la Tercera Bendición. Algo, desde dentro de vosotros, os impulsa a valorar más a la Naturaleza. El surgimiento y expansión del ecologismo es una señal de esa nueva era que quiere aparecer. Salvo algunos extremismos equivocados, los ecologistas están contribuyendo positivamente a abrir el camino a esa nueva era.

10. EL BIEN Y EL MAL

Existe una gran confusión respecto a qué es el bien y qué es el mal. No es de ahora; viene desde siempre. Los filósofos, los pensadores, todos los maestros espirituales, han intentado encontrar respuestas claras y definitivas pero sus intentos no han dado el fruto deseado. Tanto en el plano filosófico como en el plano social o político resulta difícil decidir quién es el que ha actuado mal y quién es, por tanto, el principal responsable de las consecuencias de esos actos. Los seres humanos pretendemos en muchos casos justificar nuestras actuaciones, nuestras reacciones, con muy variadas razones: la educación recibida, el contexto cultural, la respuesta ante injusticias históricas, la explotación, las circunstancias socioeconómicas particulares, etc.

Apoyados en estos argumentos justificamos nuestros actos dando lugar a que otros reaccionen, a su vez, para desquitarse, para impedirlos o contrarrestarlos, para replicar contra los métodos utilizados. El resultado es, como se dice en términos coloquiales, que ¡ya está liada! La ceremonia de la confusión continúa, arrecia. Ambos lados afirman, con convicción, tener razón, estar del lado del bien, estar en lo correcto. Parece que sólo el transcurso del tiempo permite juzgar, de forma más ecuánime lo ocurrido. Y eso aún a duras penas, pues las emociones, que la cultura y la educación han grabado en las personas, nublan la capacidad de analizar de forma imparcial y equilibrada los hechos del pasado.

El debate sobre qué es el bien y qué es el mal continúa aún hoy inacabado. No se han encontrado respuestas definitivas a pesar de los esfuerzos de los grandes hombres de la humanidad. Sigue, no obstante, siendo imperiosa la necesidad de criterios para tomar las múltiples decisiones cotidianas. Veamos qué puede Dios aclararnos al respecto.

Dios, en nuestra charla sobre el papel de las Iglesias me dijiste que el nivel de bien o mal se mide por el grado de concordancia o alejamiento entre una determinada actuación y tus principios. Mi primera pregunta es: ¿Por qué todo comportamiento debe adecuarse a tus principios para ser considerado bueno? ¿No podría existir una praxis buena en contra de tus principios?

Toda existencia debe manifestar la esencia, si no es así no tiene futuro. Este es un principio general que todos aplicáis constantemente. Por ejemplo, cuando vas a navegar utilizas barcos y no coches, y viceversa cuando viajas por carretera. Si hicieras lo contrario, no conseguirías otra cosa que destruir el coche o el barco al utilizarlos para algo que va en contra del propósito esencial para el que fueron diseñados. De forma análoga, ya que todos los seres habéis heredado mi esencia, mis principios, intentar existir al margen de ellos lleva a la destrucción y a la desarmonía.

La negación de la esencia es imposible por definición. De hecho, ningún ser humano pretende desaparecer plenamente. Quieren transformarse, desean modificar su realidad, dejar atrás circunstancias penosas. Sólo cuando creen que ese cambio es imposible pueden llegar a optar por su autoeliminación creyendo, erróneamente, que desaparecerán y que su infelicidad desaparecerá con ellos. Al tomar esa trágica decisión no buscan la felicidad; tan sólo pretenden eludir la infelicidad tomando el único camino que creen posible. Sin embargo, el suicidio, está en contra del principio de la eternidad de la vida humana y por tanto no les dará felicidad. En suma, no existe una praxis buena si no respeta mis principios esenciales.

¿Cuáles son tus principios esenciales?

Si quieres una respuesta sintética, te diré que mi principio fundamental, de plena aplicación para el género humano, es buscar la alegría a través del amor verdadero. El bien, la verdad y la belleza, son cualidades de mi esencia. Vuestras facultades voluntad, intelecto y emoción os permiten percibirlas. El bien es la cualidad de la acción que manifiesta mi esencia, mis principios; la verdad es la cualidad de la comprensión cuando percibe intelectualmente mi esencia; la belleza es la cualidad de la emoción cuando siente mi esencia. Yo tengo esas tres cualidades que se expresan simultánea y conjuntamente.

¿Cómo puedo saber si estoy actuando en concordancia con ellos?

Cuando actúas de acuerdo con mis principios manifiestas el bien; cuando entiendes la realidad de la esencia de un ser, estás penetrando en la verdad; cuando sientes una emoción auténtica que se corresponde con mi esencia, estás sintiendo la armonía de la belleza. Cuando actúas de acuerdo con mis principios sientes alegría, paz interior, vitalidad. Esos síntomas si no son fugaces te indican que estás entendiendo y aplicando bien los principios divinos.

Me cuesta entender los conceptos de bien, verdad y belleza. Me gustaría entenderlos mejor.

Tómalo como definiciones cuyo valor puedes medir mediante un mismo parámetro: la felicidad, la alegría. El Bien, la Verdad y la Belleza dan felicidad, alegría, de forma estable, mantenida, pero debes entenderlos correctamente.

La felicidad y alegría estables a que me refiero no excluyen la pluralidad o la variabilidad de las percepciones.

La alegría y la felicidad estables no son sinónimas de quietud infinita y de silencio eterno. Nada de ello. No se trata de estar tocando el arpa perpetuamente. Tampoco de estar en estado de euforia permanente. Al igual que el año tiene cuatro estaciones: invierno, primavera, verano, otoño, también la alegría y la felicidad tienen aspectos y matices dentro de su unidad y de su dirección. Frente a la alegría exultante está la alegría interior silenciosa, frente a la vitalidad expresiva está la intensidad contenida, frente a la alegría del baile el placer de leer en soledad...

El ser es lo que es. Ahora bien, tienes que tener en cuenta que vivís en un mundo falso, en un mundo de conflicto, que no sigue mis principios y que por tanto no es un mundo verdadero y ello tiende a confundiros. Hay cosas que os pueden parecer hoy realidades inmutables, logros irrenunciables pero que mañana pondrán de manifiesto que eran falsos. Recuerda tantos conceptos políticos recientes que parecían eternos e inamovibles, por ejemplo, el marxismo, y que, sin embargo, hoy son rechazados por todos o casi todos. Ten presente que lo que no es, aunque exista no puede ser y dejará de ser un día.

Vaya galimatías. Parece un mero juego de palabras.

Si lo analizas con tranquilidad verás que no es así. Te lo explicaré con algunos ejemplos. Hay que distinguir la esencia de la apariencia. Un hombre disfrazado de mujer no es una mujer. Un concepto falso, aunque exista, no es porque no se corresponde con la realidad.

El hecho de imaginar un elefante volador implica una idea, que existe en tanto que idea, pero que no se corresponde con una realidad. Por tanto, no es. Imaginar que en torno a la Tierra hay tres lunas no quiere decir que

120

existan tres lunas. Lo imaginado no tiene necesariamente que corresponder con la realidad. Las cosas que ves en la Naturaleza existen y manifiestan su esencia. Los únicos que existís, pero no manifestáis vuestra verdadera esencia sois vosotros, mis hijos, los seres humanos. Por ello, vuestro anhelo, aunque no seáis conscientes de él, y el mío es que lleguéis a manifestar vuestra esencia, lo que auténticamente sois.

Pero ¿acaso no manifestamos la esencia que nos has dado con el mero vivir?

En el aspecto físico, en general, sí. Sin embargo, vuestro espíritu, la parte más importante de vosotros, frecuentemente no la manifiesta. Muchas veces, por ignorancia o miedo no expresáis lo que auténticamente sois. Manifestáis algo ajeno a vosotros mismos y como tal os encontráis alienados (ajenos) a vosotros, a vuestra auténtica esencia.

Por ello, os sentís en muchos casos incapaces para expresaros en libertad, os sentís obligados a aceptar unas reglas sociales, unas limitaciones, unos principios que no consideráis vuestros. Os sentís reprimidos. Mi hijo Marx tenía razón cuando decía que el ser humano debe superar el estado de alienación en que vive…

¿Tu hijo Marx?

Sí, mi hijo Carlos Marx, mi hijo Hitler, mi hijo Stalin, mi hijo Torquemada, mi hijo Gandhi, etc. Todos, criminales o santos, sois mis hijos. O, para decirlo con mayor precisión, yo soy el Padre-Madre de todos vosotros, aunque, vosotros, la inmensa mayoría, aún no habéis logrado ser verdaderamente mis hijos. No lo habéis logrado porque no habéis manifestado mi esencia que está, más o menos profundamente, enterrada en cada uno de vosotros. Cuanto menos conscientes sois de ella, peor es vuestra conducta y cuanto peor es vuestra conducta más enterráis mi esencia.

No consigo entender bien tus ideas.

Es normal. La esencia de las cosas es muy difícil de aprehender al inicio. Es tan sencilla, tan obvia, que cuesta trabajo verla. El mal, aunque exista hoy en la Tierra, no es. No hay ningún ser cuya esencia sea mala Quienes encarnan el mal deben buscar su esencia y conectarse con ella para manifestar la armonía y ser verdaderamente mis hijos. Al conectarse de forma auténtica con su esencia se estarán conectando conmigo.

Dices que tú eres el Bien y que hemos surgido de ti. Te quiero formular una pregunta muy sencilla y muy básica. Si tú eres el Bien ¿cómo has dado lugar a un mundo donde parece que reina el mal? ¿Por qué existen el dolor, la enfermedad, la muerte?

Tu pregunta es crucial. La Humanidad no ha sido capaz de encontrar respuesta hasta hoy debido a que no ha hecho los esfuerzos suficientes, en cantidad e intensidad, para buscar su esencia divina, pero, para tu esperanza, recuerda que te dije que habéis entrado en una nueva era.

Antes me citaste el libro de *"El Principito"* de Saint Exupery, pues bien, recuerda un consejo muy importante que el zorro daba al Pequeño Príncipe *"Sólo se ve bien con el corazón. Lo esencial es invisible a los ojos"*. Tenía mucha razón. La lógica, en particular cuando se carga de retórica y de especulación, puede confundir; aunque suene bien. Tenéis que pasar los grandes conceptos por la criba del corazón, de la experiencia personal, para estar seguros de que los habéis captado bien.

Los filósofos han oscilado entre la opinión de que el hombre es bueno por naturaleza, como decía Rousseau, y la de que es malo por naturaleza, como decía Hobbes, *"el hombre es lobo para el hombre"*. Otros han opinado que el ser humano era originalmente bueno y que se degradó por causas diversas, dando lugar a la aparición de lo que se llama el mal.

Es innegable que en nuestro mundo hay dolor, enfermedades, accidentes y muerte. A eso hay que añadir asesinatos, guerras, conflictos. Todo esto daña nuestro nivel de felicidad y lo consideramos malo. Por eso nos preguntamos ¿de dónde procede todo este mal?

Tienes que diferenciar entre los efectos naturales que se producen por una aplicación correcta de los principios universales y los efectos que ocurren como consecuencia de la violación de esos principios. El dolor es un efecto natural, consecuencia de la cualidad de la sensibilidad. Cuando careces de sensibilidad, por ejemplo, por efecto de la anestesia o de una parálisis, no sientes dolor, pero tampoco placer porque has perdido, aunque sea temporalmente, la capacidad de sentir.

Si no tuvieras la capacidad de sentir dolor podrías, inadvertidamente, provocar graves quemaduras a tu cuerpo y destruirlo, al no darte cuenta de que te estabas quemando. Tampoco podrías caminar si no sintieras el contacto de tus pies con el suelo. La capacidad de sentir conlleva o incluye el riesgo de que te hagas daño al tropezar con una piedra. Eso no es malo sino mera consecuencia del funcionamiento correcto de tu capacidad de sentir.

Entiendo. Me ha quedado claro que el sentido del tacto es necesario para sentir el placer, aunque también pueda dar lugar a sentir dolor. Pero yo no me refería tan sólo al dolor físico sino, en especial, al dolor que se siente cuando muere o enferma un ser amado.

En ese caso tu sensación es el resultado de tu capacidad de amar. Tu dolor es la contrapartida de la alegría de amar. Te sientes unido al ser que amas. Si muere piensas que te separarás de él y te duele. Si está enfermo compartes su dolor físico o la incapacidad que le esté produciendo su enfermedad. Los sentimientos de tristeza, de angustia, de nostalgia son simplemente sentimientos, al igual que lo son la alegría, la plenitud, la unidad con el entorno, etc. Existen y existirán siempre; son una mera manifestación de la capacidad de sentir.

¿No sería posible un mundo en el que no existiera la enfermedad?

Los seres vivos comparten frecuentemente un mismo espacio físico y se interfieren unos a otros. Los carnívoros cazan; los herbívoros comen hierba; los vegetales incorporan componentes minerales del suelo o del aire; los microbios buscan un caldo de cultivo en el que expandirse, etc. Esto da lugar a que haya cazadores y cazados, a que haya asimilación y metabolización, pero todo ello forma parte del ciclo biológico y es adecuado en tanto se mantiene el equilibrio ecológico.

La enfermedad es simplemente una manifestación de un desequilibrio en el equilibrio ecológico interno. En la medida en que descubras como funciona tu cuerpo y te esfuerces por respetar sus equilibrios serás en gran medida inmune a la enfermedad. La medicina naturista, que se está poniendo en boga en Occidente, subraya tres ideas fundamentales: a) sois lo que coméis, b) debéis mantener el libre flujo de la energía en el organismo y c) la psique y el soma se influyen mutuamente. Cuando tengáis en cuenta estas tres leyes, las probabilidades de sufrir enfermedades disminuirán en gran medida.

¿Y la muerte? ¿No podías haber hecho que no existiera la muerte que causa tanta angustia y pesar a los amigos y familiares de quienes fallecen?

Yo no he hecho la muerte. La muerte no existe. Sois vosotros quienes habéis creado lo que llamáis muerte.

¿Nosotros hemos creado la muerte?

Sí. Estáis hechos para la eternidad. Sois inmortales. No podéis morir, aunque queráis. Vuestra esencia, vuestra consciencia, vuestra individualidad, permanece, pero como vuestra vida no ha alcanzado pleno sentido habláis de la muerte y la teméis.

No me imagino viviendo aquí eternamente. En poco tiempo la Tierra quedaría abarrotada.

Te hablo de un concepto de vida y muerte que trasciende la mera existencia física. Recuerda que mi hijo Jesús invitó a un joven a seguirle y éste le respondió: "Déjame primero que vaya a enterrar a mi padre". Jesús le dijo: *"Deja que los muertos entierren a los muertos"* ¿Cómo interpretar estas palabras? ¿Cómo es posible que unos "muertos" fueran a enterrar a otros muertos? Lo que mi hijo quería decir es que hay dos tipos de muertos, los muertos físicos y aquellos que tienen el alma muerta.

También habló de *"sepulcros blanqueados"* para aludir a aquellos que relucen por fuera, pero que están "muertos" por dentro. Están muertos porque no manifiestan mi esencia divina, porque el amor no fluye en ellos. Por eso carecen de vida verdadera. Aunque vivan están muertos. No dejan que brote a borbotones la vida auténtica, el amor, que pugna por salir desde el fondo de ellos. Con su actitud son ellos los que contribuyen a que siga existiendo la muerte del alma.

125

¿Cuál es el por qué de la muerte física? No se trata sólo de nosotros, los seres humanos. También mueren los animales y los vegetales ¿quién ha programado su muerte?

Todo lo físico está hecho para evolucionar, para transformarse. La vida, en el más alto nivel, requiere inmortalidad y ésta sólo la he otorgado a los seres que sois conscientes de vuestra individualidad y responsables de vuestras acciones. Los animales y las plantas no mueren, se transforman. Cambian como cambian las montañas, como cambian las células de la epidermis o los pelos de la cabeza. Ninguno de ellos tiene consciencia de su individualidad y no cabe hablar de muerte sino tan sólo de transformación de su forma.

Quizás el Mal no sea más que una transformación del Bien y viceversa. Tal vez respondan a un ciclo vital de alternancia, al igual que ocurre con el día y la noche, el invierno y el verano, etc.

Este es un enfoque bastante frecuente en Oriente, pero equivocado. El taoísmo tiene razón al decir que las polaridades masculina y femenina están en mí. Pero, como te dije, eso no describe más que un aspecto de mí, un aspecto importante pero parcial. Si la polaridad lo es todo, si yo fuera mera polaridad, si lo masculino y lo femenino fueran la esencia de mi manifestación ¿dónde quedaría el bien y dónde el mal? ¿Estaría el mal en el lado masculino (Yang) y el bien en lado femenino (Yin) o viceversa? Una de estas alternativas dejaría insatisfechos a los hombres; la opuesta, a las mujeres. Nadie acepta que su polaridad, masculina o femenina, sea la que incluye al mal como inseparable compañero de viaje.

Ciertamente, no parece posible imputar el mal exclusivamente a un lado. Si se imputara al lado femenino, las mujeres protestarían y si al masculino, los hombres.

Evidentemente. Además, si el mal se hallase, por naturaleza, en uno de los lados; masculino o femenino, no sería lógico que ese lado anhelase el bien. Se sentiría satisfecho con el mal, en tanto que manifestación de su propia naturaleza. Sin embargo, en la realidad, tanto los hombres como las mujeres anhelan que desaparezcan el mal, la delincuencia y la guerra. Luego si tanto unos como otros lo desean es porque el mal no es inherente ni a la naturaleza masculina ni a la femenina.

¿No podría ocurrir que el bien y el mal no existan y que tan sólo sean el fruto de nuestra imaginación?

El bien y el mal no existen en los reinos animal, vegetal y animal. Cuando un león devora una gacela no hace otra cosa que responder a sus instintos y ayudar a mantener el equilibrio ecológico eliminando, en general, a los animales más débiles o enfermos. Sin embargo, el mal existe en la conducta humana. No se puede ignorar su realidad. ¿Acaso no cabe calificar de mal la violación de una niña, un acto terrorista o el asesinato de quien piensa diferente?

Tal vez el bien y el mal sean relativos. Algunos justifican el terrorismo como medio para liberar la tierra, la patria. Justifican, por ejemplo, el aterrorizar, con todo tipo de violencias, a las familias de los opresores para impulsarlos a huir.

La justicia humana juzga las conductas teniendo en cuenta no sólo los resultados, sino también las intenciones y las circunstancias. Pero siempre hay una regla fácil para diferenciar entre el bien y el mal. Basta con aplicar el principio ético universal. *"No hagas a otro lo que no quieras que te hagan a ti"*. ¿Te parecería bien que, en situaciones similares, se te hiciera a ti y a los tuyos lo que tú haces a los demás? Si tu respuesta es afirmativa, entonces estás actuando de acuerdo con tu conciencia y esto es una buena regla, en general, para diferenciar el bien del mal.

Cierto es que puede darse el caso de que alguien esté dispuesto a matar, o a ser muerto, por propagar uno ideales fanáticos. En estos casos, para diferenciar entre el bien y el mal hay que ir a la motivación que subyace en la conducta and that in the case of this fanatic is none other than to eliminate the inalienable right of freedom of the human being to think and express his own opinions.

Hay también quienes dicen que el mal tiene el papel de ser un acicate necesario para que las personas anhelemos y valoremos el bien.

No intentes justificar la existencia del mal con explicaciones rebuscadas y demagógicas. Toma ejemplos de la vida cuotidiana. ¿Querrías que tu padre te maltrate, simplemente para que pudieras apreciar más tarde lo feliz que eres cuando dejara de maltratarte? ¿Sería lógico que los gobiernos, si disminuyera la delincuencia, crearan grupos de delincuentes profesionales para que los ciudadanos pudieran seguir temiendo a la delincuencia y se sintieran felices cuando no les pasara nada?

Es evidente que este tipo de comportamientos serían absurdos y carentes de sentido. Algunos pretenden que yo, Dios, facilité que los seres humanos experimenten el mal para que así escarmienten y anhelen vivir en un mundo de Bien. Es un error absoluto. El mal se lo causan ellos mismos con su actitud y su ignorancia.

¿Qué opinas de la explicación de Zoroastro que consideraba que el bien y el mal son eternos por naturaleza, ya que existen desde siempre dos dioses, Ormuz, el dios del bien y Ariman, el dios del mal?

La opinión de Zoroastro era una opinión muy considerada conmigo, ya que evitaba decir que el bien y el mal se hallaban en mi propia esencia, en mi propia naturaleza. En su lugar me atribuía a mí el papel del Dios bueno, Ormuz, y creaba un Dios malo, Ariman, al cual sería imputable la maldad y la inclinación al mal.

El problema radica en que, si la doctrina de Zoroastro fuera correcta, el dios del mal habría existido desde siempre, sería eterno, sería malo por naturaleza y nunca podría cambiar. Por consiguiente, no habría solución, siempre existiría un conflicto entre el dios del bien y el dios del mal. Este conflicto se manifestaría también en la sociedad humana y nunca sería posible la paz, lo cual repugna a los anhelos profundos de vuestro corazón en el que late la esencia divina que ansía manifestarse. Por ello, vuestra conciencia humana rechaza la respuesta filosófico-teológica de Zoroastro porque no le resulta satisfactoria.

¿Por qué no habría de resultar satisfactoria?

Todos los seres humanos anheláis que el mal, la delincuencia y las guerras desaparezcan. Si el mal existiera en la propia esencia de la divinidad, nunca podría dejar de existir. Por definición, lo que existe como esencia no puede eliminarse. Decir que el mal ha existido y existirá siempre, no resulta satisfactorio para tu corazón ni para la mayoría de la gente. Cualquier explicación correcta sobre el bien y el mal debe satisfacer los anhelos más profundos. Si no es así, es muy probable que se trate de respuestas incompletas o incluso equivocadas.

En suma, ¿cuál sería una definición sencilla y comprensible del bien?

El bien se manifiesta en la relación y toda relación es buena cuando respeta los principios universales, mis principios. Cuando la actuación se produce en el marco de esos principios se genera armonía y felicidad, lo cual no quiere decir que la actuación se pueda realizar sin necesidad de esfuerzo.

Es un error muy frecuente en vuestra sociedad pensar que el bien sólo consiste en recibir amor. Para que uno reciba amor, otro debe darlo. El bien se manifiesta tanto en recibir con actitud correcta, agradecida, constructiva como en dar con voluntad de servicio y con sabiduría.

11. EL ORIGEN DEL BIEN Y DEL MAL

Según Dios el bien es la concordancia de la acción con los principios universales y de ello se obtiene felicidad. Sin embargo, la realidad es que el mal existe. Si hubiera estado tan claro que el bien da la felicidad, nadie habría hecho el mal. Entonces ¿cómo se originó? ¿Cómo apareció el mal sobre la Tierra? ¿Cómo surgió el mal en la sociedad humana? ¿Acaso el mismo Dios nos creó ignorantes del bien? ¿Acaso nos impulsó en una dirección equivocada? Voy a plantearle a Dios el tema a ver qué me responde

Dios, según lo que me has contado antes, cabe concluir que el bien se produce cuando una acción manifiesta tu esencia, tus principios. Si todos provenimos de ti, todos tenemos tu propia esencia ¿cómo pudimos, entonces, manifestar algo que no era tu esencia? ¿Por qué las acciones humanas empezaron a manifestar el mal? En suma, ¿cómo surgió el mal?

Vuestras acciones tomaron rumbo equivocado. Vuestra voluntad os llevó por el camino errado. No esperasteis a llegar a la madurez para adoptar decisiones en temas muy delicados y de gran trascendencia. Optasteis por comer el fruto cuando aún no estabais preparados.

Lo del fruto me suena a la historia del Paraíso Original. ¿No pretenderás que esa leyenda bíblica fue verdad?

En sentido literal no, pero sí en sentido simbólico. No se trató de la ingestión de ningún fruto, pues como dijo mi

131

hijo Jesús *"no es dañino lo que entra en la boca del hombre, sino lo que sale de ella"*. Como tal vez recuerdes, Jesús se refería a que el problema no radicaba en comer los alimentos llamados impuros, sino en que las palabras que salieran de la boca no fueran palabras de verdad.

Vale. No era un fruto en sentido literal pero lo cierto es que parece que fue una trampa que les preparaste. Algunos cabalistas interpretan que les tentaste con la manzana del conocimiento y que la serpiente simbolizaba la curiosidad humana. Parece como si hubieras puesto al alcance de Adán y Eva un foco de atracción que les indujo a tomar el camino errado.

Estás formulando intuiciones acertadas pero que a la vez incluyen grandes errores. Cierto es que a su alcance había, al igual que sigue habiendo a vuestro alcance, un gran foco de atracción que les indujo a tomar el camino errado. Pero la serpiente no simboliza la curiosidad humana y tampoco les tenté en modo alguno. No le preparé ninguna trampa. Por el contrario, les advertí del peligro.

Pero ¿por qué tuvo que haber una situación de peligro? Todos los padres del mundo evitan, en lo posible, poner a sus hijos en situaciones de peligro grave.

No es cierto lo que acabas de decir. Los padres no evitan el riesgo más grande para sus hijos: darles la vida. Los traen al mundo y al darles vida corren el riesgo de que enfermen o de que alguien los mate o dañe. Sin embargo, todos reconocéis que es mejor que os hayan dado la oportunidad de vivir. Igual ocurrió conmigo. Anhelaba daros la oportunidad de VIVIR felizmente, con mayúsculas, y para que pudierais lograrlo os orienté acerca del camino a seguir a fin de que llegarais a tomar consciencia de vuestra esencia divina y la pudierais manifestar en plenitud.

Según el Génesis dijiste a Adán y Eva que podían comer de todos los árboles del Paraíso menos del árbol de la ciencia del bien y del mal. "Si coméis de él, moriréis". Sin embargo, el mensaje no resulta hoy nada claro y tampoco debió resultárselo a ellos, pues comieron el fruto y ya sabemos lo que pasó...

No fue así. El mensaje, la norma, fue muy clara, e inequívoca, para ellos. Lo que ocurrió fue que su valor, como el de muchas otras normas, no podía ser comprendido en plenitud hasta tener capacidad para ello. Hay muchas normas cuyo por qué no se entiende hasta que alcanzáis una cierta madurez. En esa etapa inicial, Adán y Eva, en tanto no entendían el por qué de la norma, tenían la responsabilidad y la obligación de obedecerla. Sin embargo, la desobedecieron y el Mal se instaló en el mundo.

Entonces el Mal es un castigo que les inflingiste por su desobediencia. ¿Tan grave fue la desobediencia para que el castigo haya sido tan terrible que haya llegado hasta nosotros?

Estás incurriendo en otra interpretación equivocada. No les castigué. ¿Qué padre es capaz de azotar a sus hijos después de que han sido atropellados por un coche por haber cruzado con el semáforo en rojo? En todo caso les castigaría antes, cuando viera que iban a intentar cruzar la calle, pero no después de ocurrido el accidente.

En el colegio me explicaron que les echaste del Paraíso como castigo por su desobediencia.

Estaban equivocados. Ningún padre normal pone delante de sus hijos pequeños una apetitosa tarta de chocolate envenenado con cianuro y les dice a continuación, para probar su obediencia, que no deben comerla pues si la comen morirán. Ningún padre pone pruebas a sus hijos que puedan llevarlos a la muerte por la mera desobediencia. Yo tampoco lo hice. Nunca les puse una prueba a Adán y Eva para saber si eran obedientes o desobedientes.

Pero les advertí, porque sabía el riesgo que corrían. ¿No hacéis vosotros algo parecido, advirtiendo a vuestros hijos del riesgo de la droga? No se lo decís para probar si son obedientes, sino para evitarles sufrimientos. En esa misma línea iba mi advertencia. Yo no les expulsé del Paraíso, fueron ellos los que se auto expulsaron con su comportamiento.

Sin embargo, en el Paraíso original no había droga ni corrupción. Adán y Eva se movían libremente ¿cuál era el peligro del que les advertiste? ¿Qué era lo que les tuviste que prohibir?

Les tuve que prohibir algo que era y es más fuerte que el miedo a la muerte. Recuerda que el Génesis dice *"Si coméis, moriréis"*. El autor del Génesis intuyó que la norma tenía que ver con algo más fuerte que la muerte, con algo por lo que el ser humano fuera capaz de dar la vida. Se trataba de algo de más valor para el ser humano que la propia vida. A ver si lo adivinas. Piensa un poco... El ser humano es capaz de arriesgar su vida por su patria, por sus ideales, por su madre, por sus hijos. ¿Qué hay en común en todos estos casos? ¿Por qué es capaz de arriesgar la vida en ellos?

No caigo... Es cierto que a veces se da la vida en esas circunstancias, pero ¿cuál la motivación común que hay detrás de esas actitudes? Imagino que no se acepta renunciar a ellos. Se siente unido a ellos; los quiere, los ama... Eso es; tal vez sea el amor. El amor a la patria, a los ideales, a la madre, a los hijos...

Bien. Muy bien. Has dado de pleno en la diana. El amor es más fuerte que el miedo a la muerte. Por amor se es capaz de dar la vida. No obstante, hay un gran riesgo, el riesgo de dar la vida por un amor equivocado, como hace el fanático que mata a otros seres humanos en nombre de sus ideales, que está dispuesto a destruir o eliminar a todo el que se oponga o piense diferente. Su amor es enfermizo, es un amor equivocado, falso.

Ese fue el mandamiento que yo les dí a Adán y Eva, que *"no comieran del fruto"* del amor equivocado, del amor falso.

Los acababas de crear. Adán y Eva no podían tener aún en la cabeza el tema de la patria, de los ideales, del fanatismo... Se tenían solamente el uno al otro, tenían a toda la Naturaleza para ellos ¿Qué tipo de amor equivocado pudo inducirles a arriesgar la vida? No me cuadra. No puedo entenderlo.

Es normal que no lo entiendas. Como tú dices, su error en materia de amor no fue debido a un amor desmedido a la patria, a los ideales, y tampoco al dinero, que entonces ni existía. Se trató de un amor mucho más íntimo, más básico.

No entiendo cómo el amor pudo llevar al mal.

El amor verdadero debe encuadrarse dentro de los principios universales. Como ya te expliqué antes, el amor verdadero debe fluir del amante hacia el amado y contribuir a hacerle crecer. La sabiduría es necesaria para vivir en plenitud el amor verdadero, pero la sabiduría necesita un tiempo para alcanzarse. En ese periodo de tiempo, cuando aún Adán y Eva estaban creciendo, un tercer personaje contribuyó a impulsarlos hacia un amor equivocado.

¿Un tercer personaje? ¿No te referirás a Lucifer y a su intervención cuando, según el Génesis, les dijo "Se os abrirán vuestros ojos y seréis como dioses conocedores del Bien y del Mal"?

Efectivamente. El fue.

Creía que se trataba de un mero símbolo y no de un personaje real. Cuando al hablar del amor de pareja te referiste a él y creí que lo hacías en sentido figurado.

No, no fue así. La dimensión espiritual existe y en ella hay seres espirituales, entre ellos los ángeles, que tuvieron un papel muy importante en la aparición del mal en la sociedad humana.

Recuerda lo que te comenté cuando hablamos del proceso creador. Entonces te dije que otros seres también habían colaborado a ello. Me refería a los ángeles los cuales también, al igual que vosotros, son creación mía, si bien anteriores a vosotros. Ellos colaboraron en el proceso de creación de la naturaleza y, cuando por fin creé a Adán y Eva, ya tenían grandes conocimientos sobre todo lo referente a la vida en el Universo y en la Tierra. Por ello, en alguna manera actuaron como profesores, como tutores para Adán y Eva.

Los ángeles son espíritus, ¿cómo podían comunicarse con Adán y Eva?

Hoy en día los seres humanos os habéis concentrado tanto en vosotros mismos y en la dimensión material que casi habéis apagado vuestra capacidad de comunicación con el mundo espiritual. Sin embargo, en tiempos de Adán y Eva no era así. El mundo espiritual les resultaba tremendamente real. Para ellos los ángeles eran tan reales, tan perceptibles y tan palpables como los árboles y los animales.

¿Y qué ocurrió? ¿Que pasó entre Lucifer, Adán y Eva?

En la Biblia se encuentra la clave simbólica de lo que sucedió, pero ha sido necesaria la acumulación de méritos de los grandes personajes de la Humanidad para que se vaya desvelando su significado. Recuerda que el Génesis dice *"Si coméis del fruto, moriréis"*. A pesar de ello Adán y Eva comieron del fruto por lo que es coherente interpretar que el fruto tenía que ser algo más fuerte que el miedo a la muerte.

Antes, llegaste a la conclusión de que ese algo era el amor y te dije que tu intuición había sido muy buena. Te dije también que, en realidad, el mandamiento que yo les dí fue que *"no comieran del fruto"* del amor equivocado.

Los textos sagrados contienen además de narraciones simbólicas y de alusiones más o menos realistas a hechos históricos, percepciones de realidades profundas que, aunque al hombre de hoy puedan parecerle meros pasajes mágicos revelan a veces secretos de trascendental importancia.

Así ocurre con los versículos de la epístola de Judas 6:7 donde se dice *"Y a los ángeles que no guardaron su dignidad, sino que abandonaron su propia morada, los ha guardado bajo oscuridad en las prisiones eternas para el juicio del gran día; como Sodoma y Gomorra y las ciudades vecinas que como aquéllos habiendo fornicado e ido en pos de vicios contra naturaleza fueron puestos por ejemplo sufriendo el castigo del fuego eterno"*.

También, en Génesis 3:9,12 se narra cómo Adán y Eva, tras comer del fruto se dieron cuenta de que estaban desnudos, se cubrieron con unos delantales de hojas y fueron a esconderse. *"Y Dios llamó a Adán y le dijo: ¿Dónde estás? Y él respondió: Oí tu voz en el huerto, y tuve miedo porque estaba desnudo; y me escondí. Y Dios le dijo: ¿quién te enseñó que estabas desnudo? ¿Has comido del árbol del que yo te mandé no comer?"*

Estos versículos, de forma simbólica y simplificada, resumen lo que realmente aconteció. Vamos a analizarlos por analogía. ¿Cuál es la reacción de un niño al que sorprendes tras haber metido sus dedos en la tarta de chocolate? Lo más normal es que oculte sus manos que han sido los instrumentos de su falta. ¿Qué partes se taparon Adán y Eva con los delantales de hojas? Las partes sexuales. Esto sugiere que el error de Adán y Eva tuvo que ver con sus partes sexuales. De manera aún más explícita, el versículo de Judas 6:7 alude a que los ángeles *"fornicaron y se fueron en pos de vicios contra naturaleza"*

En suma, los hechos de la caída consistieron en que Lucifer (el ángel) fornicó y Adán y Eva fornicaron también.

¿Fornicaron? Pero ¿cómo, con quién?

El fruto de la caída, la manzana, ha sido muy frecuentemente considerado como símbolo del órgano sexual de la mujer.

Lucifer indujo a Eva a utilizarlo teniendo una relación de fornicación con él. Después, habiéndolo Eva encontrado agradable indujo a Adán a tener relación con ella y también fornicaron. Estos fueron los hechos reales que constituyeron la llamada Caída.

Me has dejado con la boca abierta. Ya volvemos a lo de siempre, al mito de la equiparación de sexualidad y pecado.

No es así. Por el contrario, la sexualidad verdadera es sagrada. No tiene nada que ver con el pecado sino con la expresión más intensa del amor. Así será en el Reino del futuro. Sin embargo, en la Caída, la sexualidad fue un comportamiento equivocado y prematuro y materializó un modelo de amor equivocado que, a continuación, impregnó todas las restantes relaciones humanas.

¿Cómo un ángel, Lucifer, un ser de Luz creado por ti, que eres la esencia del Bien, pudo tener motivaciones malas?

La relación sexual entre Lucifer y Eva estuvo impulsada por motivaciones inadecuadas y, además, fue contra natura, ya que eran de distinta especie; él, un ángel; ella, una mujer. Los ángeles, al igual que vosotros, los humanos, no fueron creados como meras máquinas vivientes, como robots, como es el caso de los animales. Los doté de conciencia y de libertad. A vosotros también, para que vuestro amor pudiera ser voluntario y sublime, para que experimentarais una fuerza superior a la de la ley y para que, por tanto, vuestro respeto a los principios universales fuera fruto de vuestra sabiduría y de vuestra decisión, no de una imposición externa.

Deseaba que, en vosotros, los seres conscientes, la fuerza del amor fuera superior a la fuerza de la ley. Pretendía que no hicierais las cosas por mera obediencia a las reglas universales, sino por amor a todo lo que os rodea. No quería, en suma, que vuestra relación conmigo se basara en la obligación sino en una manifestación libre de vuestro amor.

Los animales se rigen por la ley de los instintos. No pueden ir contra ella. En cambio, vosotros deberíais respetar la ley, no por imposición sino por ser conscientes de su valor. Mi plan era que Adán y Eva hubieran captado la

139

esencia de las cosas y asumido una conducta correcta y que hubieran transmitido a sus descendientes este conocimiento y esta forma de comportamiento. Así los padres habrían descubierto, desarrollado y profundizado cada vez más en la comprensión del amor verdadero y lo hubieran enseñado a los hijos. Así la Humanidad habría aprendido a respetar la naturaleza de las cosas por amor a su esencia y a su orden interno. No por cumplir, ciegamente, con un mandato de la ley.

Vuestra meta era y es ser sujetos de amor y amar en plenitud. Ni Lucifer, ni Adán, ni Eva eran malos. Simplemente eran inmaduros. Tenían que crecer, tenían que llegar a comprender la fuerza del amor y su uso correcto. A todo ello hubieran llegado de forma natural si hubieran respetado mi mandamiento de que no comieran del fruto hasta que no hubieran llegado a un cierto nivel de madurez espiritual.

¿Qué indujo a Lucifer a tener esa relación con Eva?

Lucifer era uno de los ángeles más altos en jerarquía, dentro del orden que existe en todas las sociedades. Tenía una gran inteligencia y muchos conocimientos sobre la Naturaleza, pero era inmaduro, no imperfecto. Tenía que crecer hasta la perfección, hasta la madurez, en el tema crucial, el tema del amor. En ese proceso, Lucifer, tenía que respetar el orden de las cosas y las normas que yo había dado a Adán y Eva. El sabía que yo les había dicho *que "no comieran del fruto"* y, sin embargo, indujo a Eva a hacerlo.

Me preguntas por qué lo hizo. Fue un complejo conjunto de emociones y razonamientos. Vio a Adán y Eva y observó que tenían un instrumento, un cuerpo físico que él no tenía, que les permitía tener una relación más directa con el Universo material. Se sintió envidioso, lo cual fue una

140

reacción natural. Deseaba tener un cuerpo físico para actuar más directamente en el mundo material.

No hay nada de malo en envidiar desear tener otras cualidades o características que uno no tiene. La envidia, cuando es sana, estimula la mejora personal, el deseo de crecer. Por la mente de Lucifer pasaron también deseos de destruir a los seres objetos de su envidia, lo cual tampoco es malo en sí. Eran simplemente pensamientos. El problema no fueron los deseos que le surgieron sino el hecho de que se dejó llevar por ellos.

Ah. Ya veo. Entonces les indujo a pecar para que cayeran y fueran expulsados del Paraíso.

No, no fue así. Lucifer no pretendía que fueran expulsados de lugar alguno. Él no sabía ni podía prever con detalle las consecuencias que podía tener el comer del fruto.

Tampoco yo las veo.

Es natural. Ya las verás, sobre todo en la medida en que dediques un tiempo de reflexión a todas estas novedades que te estoy revelando. Lucifer experimentó un sentimiento de despecho contra mí, por no haberle dotado también de un cuerpo físico. Se sintió marginado, poco querido por mí. Se sintió igual que un niño al que su padre no le ha comprado una bicicleta (el cuerpo físico) y que, de forma natural, se acerca a los niños que la tienen con el deseo de compartirla o de que se la presten. Así, Lucifer buscando compensar su frustración se acercó más a Adán y a Eva, haciéndose amigo de quienes tenían bicicleta (cuerpo físico). Esto le llevó a tener una relación más próxima con Adán y Eva.

En la construcción de esa relación intervino un factor muy importante: su propia naturaleza, su propia polaridad. Todo el Universo está hecho en polaridades: masculino y femenino. Lucifer era de naturaleza masculina. Por ello, de forma natural, tuvo más afinidad, más fácil relación con Eva, que era femenina, que con Adán, ya que las polaridades complementarias se atraen. Inicialmente se trató de una mera amistad que fue creciendo. Sin embargo, después su amor empezó a transformarse y deseó llegar a ser amor de pareja, quiso a Eva para sí. Este deseo de amar a Eva hizo, a su vez, crecer en Lucifer los celos que sentía respecto a Adán, ya no sólo porque Adán tenía un cuerpo físico y él no, sino porque sabía que Eva, mujer, era la pareja natural de Adán, hombre, al igual que la pareja natural del toro es la vaca y la del caballo, la yegua.

Su despecho inicial hacia mí se combinó con una fuerte envidia hacia Adán y con el deseo de tomar a Eva para sí. Todo ello dio lugar a una poderosa fuerza emocional, a un intenso impulso amoroso. Pero se trataba de un amor equivocado, centrado en sí mismo, egoísta, que buscaba recibir amor, no dar amor.

Lucifer se sintió muy atraído por Eva y deseando tenerla para sí, la indujo a incumplir el mandamiento y a comer del fruto. Aprovechando su nivel superior de conocimiento, deslumbró y engañó a la joven Eva *("No moriréis. Se abrirán vuestros ojos y seréis como dioses")*. Un caso muy similar ocurre a veces en vuestra realidad actual en la que algunos profesores o políticos, valiéndose de la posición de autoridad que le da su cargo, seducen a sus jóvenes alumnas o seguidoras.

Como consecuencia de este proceso emocional, en el que **confluían** el enamoramiento, la envidia, los celos y el despecho por creerse marginado, Lucifer inició una relación sexual con Eva, a través de sus respectivos cuerpos espirituales, dando lugar a una relación impropia e inadecuada.

Pero ¿dónde estaba el problema? Aparte de que se trataba de dos especies diferentes ¿qué hay de malo en que se enamoraran y se entregaran el uno al otro?

Tu pregunta es fundamental y es la que muchos amigos te harán cuando les cuentes esto. Actualmente en la sociedad humana, consideráis que el fulgurante amor pasión, el amor enamoramiento, es la manifestación más elevada e intensa del amor. Por tanto, os preguntáis, ¿qué hubo de malo en que Lucifer y Eva tuvieran una relación apasionada?

Recuerda y revisa todo lo que te he dicho sobre el amor de pareja y lo verás más claro. La esencia del problema radicó en que el amor que ofreció Lucifer fue un amor egoísta, pensando en sí mismo y no en dar lo mejor para Eva. La quería para él, a costa de lo que fuera. Quería que las cosas fueran como él deseaba, aunque ello fuera contra la naturaleza de las cosas. No le importó que Eva no fuera de su especie, ni que fuera la prevista futura compañera de Adán. Así se introdujo, en la relación más íntima de amor, en la relación de pareja, un modelo de amor egoísta que se transmitió a los descendientes de Eva.

Por ello, hoy, en nombre de ese *"amor",* se justifica incluso el quitarle la esposa al mejor amigo si uno se ha enamorado de ella. En nombre de ese amor se justifica tomar por pareja a toda persona por la que uno se apasione. En nombre de ese amor quedan enaltecidos los amores egoístas y efímeros. Justificáis así muchas traiciones, rupturas, infidelidades, en nombre del "amor". No os dais cuenta de que eso que tomáis como modelo de amor es en realidad un amor egoísta, que busca fundamentalmente ser amado y no dar amor. Ese tipo de amor apasionado, pero egoísta y falso, es ensalzado e inspira la cultura de las sociedades humanas actuales y las impide construir el Reino de los Cielos.

143

Visto bajo ese prisma cierto es que cabría criticar la actitud de Lucifer, por un lado, por el abuso de superioridad (sabía más que Eva) y, por otro, por el hecho de quitársela a Adán, que estaba destinado a ser su compañero natural. Sin embargo ¿en la actitud de Eva qué culpa hay? Ella simplemente se enamoró, se entregó.

Sí. Su actitud fue menos grave que la de Lucifer, pero también incumplió su responsabilidad. Sabía que no debía comer del fruto, aunque no entendía con claridad por qué. Pudo haberse vuelto hacia mí y consultarme, pero no lo hizo: Al violar la norma, asumió el germen del amor falso, del amor egoísta. Eso lo puedes ver en la subsiguiente actitud que tuvo Eva hacia Adán. Se volvió hacia él pero no para compartir algo nuevo y lícito sino buscando su propio interés.

¿Interés? Estaban solos en el Paraíso. Todo les pertenecía o al menos estaba a su disposición ¿en qué radicó el interés a que aludes?

Buena observación, porque el interés de Eva por Adán no se basó en aspectos materiales. Eva, como todos, estaba hecha para anhelar la paz, la armonía, la satisfacción de caminar por el camino correcto. Por ello, al cabo de un tiempo de haber iniciado su relación con Lucifer, algo empezó a faltarle. Su conciencia le decía que había violado una norma muy importante y le hacía intuir que había abierto la puerta a la oscuridad. Se sentía intranquila. Algo le remordía y le inquietaba en su interior. Quiso volver a sentir la inocencia que tenía antes de comer del fruto y miró a Adán. Se dio cuenta de que era su compañero natural y lo vio brillante, inocente, alegre. Entonces se acercó a él para intentar compartir su alegría, su inocencia. Ese fue el interés de Eva.

Adoptó una actitud parecida a la que había tenido Lucifer al acercarse inicialmente a ellos, a Adán y Eva. Le atrajo la inocencia de Adán y al estar más con él se intensificó su deseo de relación. Este acercamiento transformó la relación fraternal, que hasta entonces mantenían, en una relación de atracción sexual. Eva quiso unirse lo más plenamente posible con Adán, lo sedujo y le dio a *"comer del fruto"*. Su motivación amorosa al acercarse a Adán fue también egoísta: quiso recibir la inocencia de Adán; no le contó a Adán la causa de su inquietud, simplemente le usó para intentar calmarla.

Esta actitud de consumir la inocencia o la pureza de otros también se repite en la sociedad humana de hoy. La pederastia o la búsqueda de relaciones sexuales con niños y niñas, el incesto de padres con hijos, son en muchos casos una manifestación degenerada de aquella motivación que llevó a Eva hacia Adán para estar cerca de la inocencia de éste. Los pederastas quieren de forma similar consumir la inocencia de los niños de los que abusan.

Es un punto de vista muy sugestivo, pero, y Adán ¿cuál fue su pecado?

Adán se dejó llevar por Eva. El también sabía cual era la norma a cumplir, aunque tampoco entendiera, con plena claridad, su razón de ser. Al dejarse llevar por Eva, asumió también el amor egoísta como modelo válido para el futuro.

Además, la relación sexual con Eva despertó en él la sexualidad física de forma intensa y prematura. Los animales machos suelen tener una sexualidad más activa que las hembras, las cuales suelen concentrar su sexualidad en los periodos fértiles de su ciclo. De forma similar, las mujeres suelen tener una sexualidad más vinculada a la construcción de una relación que al goce sensorial. Por el contrario, los hombres sois más proclives a aceptar una relación sexual efímera, desvinculada de la creación de una relación personal duradera.

El comer del fruto despertó en Adán una tendencia a dar prioridad al placer material o físico, incluso al margen de una relación amorosa, lo cual ocurre también en vuestros días. Este supeditar los valores espirituales a lo material, al placer material, es el auténtico materialismo. Así puedes ver múltiples ejemplos de hombres, con más frecuencia que de mujeres, que buscan obtener el placer sexual usando su poder político, su posición económica, su superioridad, etc estando, en muchos casos, dispuestos a traicionar incluso la confianza, la amistad, etc para lograrlo.

¿En qué medida unas meras relaciones sexuales inadecuadas o precoces han podido constituir el origen del mal en el mundo?

El mal es en esencia una manifestación de falso amor. La esencia del mal, desde el pequeño desprecio hasta el asesinato, es la misma. Consiste en adoptar en vuestras relaciones un modelo de conducta egoísta, que se manifiesta con diversos grados de intensidad, que van desde un mero pretender recibir de los demás hasta la firme decisión de tomar, al precio que sea, lo que los demás tengan o sean. Lucifer tomó a Eva para sí. Eva sedujo a Adán para sí. Adán aprendió a anteponer el valor de su placer físico individual a la armonía de la relación humana.

El mal uso del poder (en su doble faceta de dominio y seducción egoístas) y el materialismo, son la esencia del mal en la Humanidad. Se encuentran en la raíz, en la causa de todas las acciones malas: en el robo, en el asesinato, en la violación, en la explotación, en la esclavitud, en la arrogancia, en la ira, en la soberbia, en la lujuria, etc. Todas ellas son manifestaciones, más o menos intensas, de un amor egoísta a vosotros mismos o de un amor a lo material

146

superior al amor a las buenas relaciones humanas. El lujurioso, el arrogante, el asesino, el explotador, etc. se quiere dar a sí mismo lo que anhela, al precio que sea y caiga quien caiga; no le importa lo que puedan sufrir los demás y da prioridad a los placeres materiales, aunque ello perjudique sus relaciones humanas.

En suma, en la sociedad humana el deseo de poder y de gozar de los bienes materiales desplazó el valor del amor verdadero, salvo honrosas excepciones. Las relaciones humanas estuvieron y están llenas de conflictos y de dolor. Precisamente por eso, para intentar contrarrestarlo y aportar la luz, todos mis enviados en las distintas culturas han predicado frente al poder, el amor generoso y frente a lo material, el valor de lo espiritual. Gracias a ellos ha ido avanzando la historia.

Me ha resultado muy interesante esta explicación sobre el origen del bien y del mal. Te prometo que la estudiaré y reflexionaré sobre ella. Pero me resulta difícil entender cómo un ser espiritual Lucifer pudo tener relaciones sexuales con un ser físico Eva.

Comprender las relaciones entre el mundo físico y el mundo espiritual es muy importante tanto para que te entiendas a ti mismo como para que entiendas el futuro y cómo encarrilar el proceso de cambio de la sociedad humana. Pasemos a ese tema.

12. EL MUNDO ESPIRITUAL Y EL MUNDO FISICO

Dios, un amigo me ha contado que tuvo una experiencia en la cual se vio a sí mismo desde fuera, como lo vería una cámara de televisión que lo estuviera enfocando. También me contó que en esa experiencia caminó por la ciudad viendo, desde fuera de sí, cómo su cuerpo físico andaba junto al de otras personas. Asimismo, me dijo que vio grupos de personas ancianas, adultas y niños que estaban muertos pero que creían seguir vivos y otras que realmente estaban vivas. ¿Qué explicación tiene todo esto? ¿Fue su imaginación o era realidad?

Era realidad. Él salió fuera del cuerpo, se vio a sí mismo y se acompañó desde fuera, viendo cómo su cuerpo físico caminaba por la ciudad y hacía las actividades que tuviera que hacer.

¿Cómo se explica que viera no sólo a los habitantes vivos sino también a otros que físicamente habían muerto?

Estaba viendo desde la dimensión espiritual mediante sus ojos espirituales. Durante determinado tiempo, su estado de consciencia le permitió ver no sólo la dimensión física, sino también la dimensión espiritual en que se encontraban los espíritus de los seres muertos. En la dimensión espiritual, de forma similar a la dimensión física, la capacidad de ver tiene distintos niveles. En el mundo físico una persona con mucha miopía sólo ve de cerca. Una persona con un microscopio ve cosas que otras personas no ven. Algo parecido ocurre en el mundo espiritual; allí los seres pueden ver más o menos según sea su grado de capacidad de "visión" espiritual o de "miopía" espiritual.

¿A qué se debe esa menor o mayor "miopía" espiritual?

Al grado de consciencia que hayan alcanzado de sí mismos. No sólo es necesario haber desarrollado el sentido espiritual de la vista; también es necesario prestar atención, ser sensible y querer ver lo que existe en el mundo espiritual. En la vida física ocurre algo parecido: una persona interesada en la botánica percibe en un jardín las distintas clases de hojas, árboles y plantas existentes mientras que otras, menos interesadas en esos aspectos, tan sólo perciben el color o el diseño del conjunto, aunque sus ojos les estén enviando las mismas imágenes.

El grado de consciencia de vuestra naturaleza divina se manifiesta en vuestra capacidad de amar a todos los seres que os rodean. A su vez, amar requiere ser previamente conscientes de la existencia de esos seres, lo cual exige no sólo tener capacidad sino también voluntad de verlos. En la medida en que hagáis aflorar vuestra esencia divina, vuestra capacidad de visión se extenderá en el plano espiritual y en sus diversos niveles. Si realmente me conocierais, si tuvierais relación plena conmigo, habríais desarrollado en plenitud vuestro ser y vuestra visión podría penetrar en todo el mundo espiritual.

Mi amigo dijo también que vio a personas que habían muerto pero que creían seguir vivas en el mundo físico. ¿Cómo no se daban cuenta de que habían muerto? ¿Acaso los otros muertos no les explicaban que habían muerto físicamente?

En la cultura tradicional cristiana los seres humanos habéis creído que tras la muerte física tendréis capacidad plena para moveros en la dimensión espiritual, para saber todo y para comunicaros con todos. Estas ideas están completamente equivocadas. El mundo espiritual tiene mucha analogía con el mundo físico. Aquí, vuestra capacidad de moveros depende de vuestra voluntad y de los medios de transporte de que dispongáis. Vuestro nivel de conocimientos depende en gran medida de la intensidad de vuestra búsqueda y de vuestras experiencias. Vuestra capacidad de comunicaros depende de vuestro conocimiento de idiomas y de la capacidad de entenderos mutuamente.

Algo similar ocurre en el mundo espiritual. Los espíritus se mueven en función de su voluntad de moverse y de las características espirituales que hayan desarrollado. Así, el espíritu de un avaro no puede, aunque lo desee, desplazarse hacia el nivel donde se hallan los espíritus que han desarrollado la generosidad. No puede entrar en ese plano vibratorio. Le resulta imposible comunicarse con los seres que se mueven en esa dimensión. No es capaz de entender la generosidad, la cree un autoengaño, algo que es imposible que sea real...

No entiendo, ¿cómo es posible que sea incapaz de percibir la realidad de la generosidad...?

El avaro se llevó al mundo espiritual los conceptos y modo de pensar que tenía durante su vida física. Por eso no es capaz de entender y de comunicarse con ambientes de seres generosos en el mundo espiritual al igual que, durante la vida física, le era difícil entender y valorar la generosidad y crear relaciones armoniosas con personas generosas. Se hizo, durante su vida física, unas gafas de ver de color "avaro" y las sigue llevando puestas en el mundo espiritual.

Vuestro espíritu, durante la vida física, acumula conocimientos y, lo que es más importante, despliega sus habilidades y capacidades cognoscitivas en una u otra dirección. Si desarrolló una mente abierta, buscadora, libre de prejuicios, cuando vaya al mundo espiritual se hallará en la mejor situación posible para encontrar niveles más profundos de verdad. Si por el contrario en vida se creyó dogmáticamente en posesión de la verdad, su espíritu se encontrará bloqueado e incapacitado para buscar nuevas respuestas. ¿No te has encontrado a veces con personas con las cuales, incluso hablando el mismo idioma, te parece imposible entenderte?

Bueno, sí. Hay personas que tienen un modo de pensar tan extraño...

Una de las actitudes más importantes para avanzar espiritualmente durante la vida física consiste en estar abierto a la información, revisar lo que se cree que se sabe y tener grandes dosis de humildad. En el mundo espiritual las posibilidades de conocer que tiene cada espíritu dependen del grado de apertura con que vivió en la Tierra. Si se encerró en un concepto dogmático le será muy difícil ver cosas nuevas en el mundo espiritual.

Durante la vida física desarrolláis, en una dirección u otra, vuestro ser espiritual, capacitándolo, o no, para comunicarse, entender y amar. Eso explica lo que observó tu amigo respecto a determinados espíritus de personas fallecidas que creían seguir físicamente vivas. Lo que ocurría era que esas personas estaban tan apegadas a la vida terrenal que eran incapaces de darse cuenta de que habían muerto físicamente y seguían creyendo que estaban vivos.

Pero, ¿cómo no se daban cuenta de que habían pasado a la dimensión espiritual?

Sus ojos espirituales veían la dimensión física a la que estaban apegados y la intensidad de su apego les impedía ver otros planos espirituales, más sutiles, en los que existen formas y colores de espectacular belleza. Por otra parte, ese apego hace que, para ellos, el tiempo transcurra lentamente y que el proceso de llegar a ser conscientes de que han muerto sea largo y tome mucho tiempo, hablando en términos de tiempo físico.

¿Y no pueden otros espíritus del mundo espiritual hablar con ellos y ayudarles a que sean conscientes de que han muerto físicamente y de que hay otros planos espirituales?

Lo intentan, pero la comunicación entre las distintas esferas espirituales es difícil porque los espíritus menos desarrollados tienen poca capacidad para recibir y entender los mensajes. Los espíritus elevados anhelan hacer ascender a los espíritus que se hallan en niveles más bajos, pero no depende sólo de ellos. Igual ocurre en el mundo físico en el que los hombres de buena voluntad tampoco pueden cambiar el mundo si sus conciudadanos no colaboran.

Entonces, ¿están condenados los espíritus menos evolucionados a permanecer, para siempre, en sus respectivos niveles espirituales?

No. El período de estancia en esas esferas menos elevadas es lo que en la religión católica se denomina el purgatorio. En realidad, el purgatorio no es un lugar determinado ni uniforme. Mi hijo Jesús dijo: "*En la casa de mi Padre hay muchas moradas*". Con ello quería decir que en el mundo espiritual hay tantos planos como niveles espirituales pueden tener los espíritus.

Los planos bajos e intermedios serían lo que llamáis el purgatorio. La estancia en ellos es más o menos larga pero los espíritus no permanecen en un mismo nivel eternamente. Durante ese tiempo, si actúan adecuadamente, se van liberando de su cerrazón y de sus bloqueos personales y se van colocando en condiciones de ascender a niveles superiores.

¿A que se debe la permanencia, mayor o menor, de un espíritu en un determinado plano bajo?

En los planos más bajos la permanencia es más larga porque en ellos se ubican los espíritus más cerrados o fanatizados por vicios, tales como la envidia, la soberbia, la ira, la lujuria, etc. Esos vicios fueron el centro de su vida en la Tierra. Estas obsesiones egoístas hicieron que, durante su vida física, sus respectivos espíritus, adoptaran el hábito de tener poco interés por la verdad, por la belleza superior y por crear relaciones armoniosas.

Cuanto mayor fue su desinterés por crecer espiritualmente, cuanto mayor fue su nivel de dogmatismo, tanto más difícil les resulta ahora ascender, una vez que se hallan en el mundo espiritual. Su cerrazón les dificulta percibir la existencia de otros planos a los que ir, ya que durante su vida física adoptaron la actitud de no buscar más allá de sí mismos.

Por otra parte, para cambiar de hábitos, de actitudes, para romper ese dogmatismo, los espíritus necesitan energía. Sin embargo, una vez en el mundo espiritual, los espíritus han dejado de tener la fuente esencial de energía que, durante la vida física, era su cuerpo físico. Por ello tienen menos autonomía para cambiar, aun en el supuesto de que lo desearan.

El proceso de transformación en el mundo espiritual es similar al que existe en el mundo físico. Primero se necesita que el individuo descubra un buen camino, lo cual se logra por la reflexión, la intuición o la experiencia. A continuación, es necesario un acto de voluntad, una decisión de tomar ese camino y, finalmente, es necesario un esfuerzo continuado de la voluntad para perseverar en esa dirección e ir cambiando.

En el mundo espiritual el proceso de desarrollo individual es el mismo, pero tiene más limitaciones. Os falta el combustible que alimenta la voluntad. Este combustible es la energía que, durante la vida física, se genera principalmente por vuestro propio cuerpo físico.

¿Podrías explicarme con más detalle cómo se desarrolla el espíritu del ser humano durante la vida terrena?

El ser humano tiene dos partes, la física y la espiritual, y cada una de ellas, hablando en términos sencillos, se compone a su vez de otras dos partes. Así, el cuerpo físico consta de una parte que es el cuerpo dotado de los cinco sentidos físicos (vista, oído, olfato, gusto y tacto) y de otra que dirige a la anterior, que es el cerebro, donde residen los programas instintivos básicos que rigen el cuerpo humano. El cuerpo físico se desarrolla correctamente mediante alimentos, agua y un nivel de ejercicios adecuado.

El desarrollo correcto del cuerpo físico es un factor esencial para impulsar el crecimiento del cuerpo espiritual en uno u otro sentido ya que es la principal fuente de energía para impulsar los procesos de cambio individuales.

El ser espiritual se compone también de dos partes, el cuerpo espiritual con cinco sentidos espirituales (vista, oído, olfato, gusto y tacto) y la mente espiritual, que es donde reside la consciencia de sí mismo, el yo. El cuerpo espiritual se desarrolla mediante el ejercicio de los sentidos espirituales que os permiten ver, oír, oler, tocar y saborear la dimensión espiritual. Hay muchas personas que tienen o han tenido percepciones de la dimensión espiritual. Cuanto más se esfuercen en ejercitar esos sentidos mayor percepción tendrán de la realidad espiritual durante su vida física.

Sin embargo, lo más importante no es el cuerpo espiritual sino vuestra mente espiritual, vuestro yo en el que radica lo que sois. El desarrollo de vuestro yo se realiza mediante vuestras experiencias de la verdad, la belleza y la bondad. En la medida en que descubrís su valor y en la medida en que optáis por ponerlas en el centro de vuestras vidas, vais desarrollando vuestro yo espiritual. No basta con creer y ni siquiera con entender. Es esencial practicar, traer al día a día esos valores, asumir las actitudes correspondientes y realizar esos valores en vosotros mismos y en vuestras relaciones con todo lo que os rodea.

¿Cómo se relacionan, cómo se comunican entre sí, las dos partes del cuerpo físico y las dos partes del cuerpo espiritual?

Las cuatro tienen la misma esencia. Son energía, en distintos niveles de condensación, pero energía. El hecho de tener la misma esencia es lo que permite la comunicación entre esas cuatro partes. La comunicación consciente parte siempre de la mente espiritual. Así, cuando le ordenas a tu brazo que se levante, la decisión parte de tu mente espiritual, se comunica al cuerpo espiritual, de éste al cerebro y del cerebro al brazo.

Hay sin embargo otras comunicaciones que parten directamente del cerebro, como por ejemplo la orden de que tu corazón palpite. En ese caso no hace falta que tú, conscientemente, decidas que el corazón lata. Ahora bien, tu mente espiritual puede llegar a controlar todo tu cuerpo. Es el caso de algunos yoguis de la India, que han llegado a poder hacer que su corazón se pare cuando ellos lo desean.

El cuerpo físico es un generador de energía la cual permite a la parte espiritual tener experiencias y grabar el resultado de las mismas como hábitos espirituales. La intensidad de la energía física y consecuentemente la intensidad de las experiencias crea en vosotros hábitos y actitudes, os aporta información y, en suma, os hace desarrollar vuestra parte espiritual, tanto a vuestro yo como a vuestros sentidos espirituales, positiva o negativamente según el camino que toméis.

Por su parte, vuestro yo espiritual y vuestro cuerpo espiritual toman decisiones que hacen trabajar a vuestro cuerpo físico en una u otra dirección. Además, le afectan, positiva o negativamente, mediante lo que llamáis el efecto psicosomático, es decir el efecto del espíritu sobre el cuerpo físico.

¿Cómo llegan las percepciones físicas a la mente espiritual?

Los sentidos físicos son los sensores del cuerpo que captan la información y la envían al cerebro y éste, a través del cuerpo espiritual, la transmite a la mente espiritual.

Un momento. La dimensión espiritual parece una hipótesis sensata pero la realidad es que no la vemos y que muchos la niegan, aportando diversos argumentos. Así algunos señalan que se puede perder la memoria si se recibe un golpe en la cabeza o, peor aún, que pueden quedar muy mermadas las facultades mentales si a una persona se le hace una lobotomía. Consideran que esto indica que lo que tú llamas mente espiritual no es más que una función del cerebro y que por tanto desaparecería cuando el cerebro muere. ¿Qué respuesta les puedo dar?

Las relaciones entre la dimensión física y la dimensión espiritual humanas son parecidas a las que existen entre un receptor de radio, una emisora y el locutor. El cuerpo físico equivaldría al aparato de radio. Los altavoces serían la boca y los circuitos electrónicos de la radio, el cerebro. La emisora sería el cuerpo espiritual y el locutor la mente espiritual, de la cual emana el contenido que transmiten las ondas, las cuales llegan a los circuitos (cerebro) de la radio y son emitidas en forma de voz por los altavoces (boca) de la radio.

Si el aparato de radio recibe un golpe y se estropea dejará de recibir los mensajes que manda la emisora. Sin embargo, ¿dirías tú que la causa de que hayas dejado de recibir las ondas es porque ha muerto el locutor? Obviamente no. Lo atribuirás, como es lógico, a que el golpe ha estropeado el receptor de radio.

Igualmente, aunque un cerebro dañado dificulte la recepción de informaciones o la emisión de opiniones, no cabe concluir que eso sucede porque la mente de esa persona ha sido dañada o ha muerto. Una hipótesis alternativa razonable consiste en pensar que lo que se ha dañado ha sido el aparato receptor (cerebro) sin que ello implique que se ha dañado el emisor (mente espiritual). Una cosa es, por tanto, el cerebro, que equivaldría al aparato de radio, y otra la mente, que equivaldría al locutor.

La analogía que me has presentado es buena. Está claro que en la realidad de la radio existen tanto el receptor como el emisor, pero algunos opinan que, en el caso del ser humano, la mente espiritual de que tú hablas es simplemente una mera función del cerebro.

Voy a intentar responderte de la forma más clara posible. Te voy a hacer otra analogía, esta vez con la informática. Recuerda que las funciones de los órganos, inclusive las más complejas, actúan dentro del marco de unas reglas prefijadas. El hígado, los riñones, reaccionan, en virtud de ellas, a los estímulos que reciben. Su funcionamiento es similar a los ordenadores que tienen, en su memoria o disco duro, una gran cantidad de programas que les permiten reaccionar automáticamente, ante determinadas informaciones que reciben de sus sensores periféricos.

Hoy, en los aviones modernos, los ordenadores tienen una importancia fundamental. Al conectar el piloto automático, el avión sigue el rumbo establecido e incluso puede realizar las maniobras de aproximación al aeropuerto, e incluso el aterrizaje, mientras que la tripulación está descansando. No obstante, el piloto automático sólo responde ante los estímulos para los que está programado, pero no ante circunstancias no previstas.

Por el contrario, el ser humano se muestra capaz de adaptarse ante circunstancias novedosas y complejísimas, yendo mucho más allá del comportamiento complejo pero rutinario de un hormiguero. ¿Cómo habría podido grabarse en el cerebro un programa capaz de reaccionar no sólo ante el presente sino también ante las imprevistas circunstancias del futuro? ¿Cómo es posible que ese programa le permita al hombre incluso tener consciencia de sí mismo como individuo, capaz de gestionar su libertad?

Resulta lógico pensar que detrás de todo ese conjunto de programas haya una mente consciente, el yo de cada uno de vosotros, capaz no sólo de gestionarlos sino también de reaccionar ante situaciones novedosas e imprevistas, creando alternativas, evaluarlas y tomar decisiones.

Otra analogía más. Los nuevos programas informáticos no los diseñan automática y autónomamente el propio ordenador, sino que son los seres humanos los que con sus reflexiones diseñan los nuevos programas. Son la "mente consciente" que diseñado y que ha utilizado al ordenador como instrumento para grabarlos o escribirlos. No sería coherente decir que los programadores informáticos son simplemente una "función" del propio ordenador.

159

He oído decir que se han hecho unas experiencias en laboratorio en las cuales se ha inyectado en el cerebro de unos ratones líquido cerebral de otros a los que previamente se les había adiestrado para alcanzar la comida tras recorrer un camino complicado. Parece ser que los ratones a los que se les inyectó el líquido cerebral de los otros recorrían el mismo. Esto parece indicar que la memoria de lo aprendido reside en la bioquímica cerebral, en las sustancias que se han generado en el cerebro durante el proceso de aprendizaje.

La explicación es la misma que en el caso de la informática. El cerebro es el soporte de determinadas informaciones y programas, al igual que el disco duro de un ordenador es el soporte de determinados programas. Si extraes algún programa o archivo del disco duro y lo instalas en el disco duro de otro ordenador, le estás transfiriendo a éste comportamientos (programas) e información propios de aquél.

En realidad, el disco duro (o el cerebro) sólo es el soporte de ideas que ha concebido el individuo que diseñó el programa y que están en su mente. Que el cerebro contenga información, no quiere decir que la información esté sólo en el cerebro ni que sea éste el que la ha producido; de la misma manera que la información que contiene un archivo proviene, al menos en gran parte, de la persona que maneja y graba en el ordenador. La información y los programas se almacenan también en otros planos espirituales y no desaparecen al morir el cuerpo físico o al dañarse el cerebro. Ya verás como en el futuro, en paralelo al código genético físico, se hablará también de algo así como el DNA espiritual o código genético espiritual que transmite información hereditaria de rasgos y habilidades espirituales.

Todas estas explicaciones resultan sugerentes. Sin embargo, grandes pensadores, como mi amigo Gonzalo Puente Ojea[11], un conocido ateo español, rechazan la existencia de una mente espiritual más allá del cerebro.

No utilices el argumento de autoridad para negar la existencia de la dimensión espiritual. Bastante mal se ha hecho ya, a lo largo de la Historia, invocando el argumento de autoridad. Recuerda que bajo pretexto de basarse en mi autoridad se han cometido gravísimos errores. No tomes lo que te diga Gonzalo como dogma de fe. Analiza sus argumentos. Tampoco tomes como dogma de fe lo que yo te digo. Ha llegado la era del hombre. Tienes que formarte tu propio criterio. Sólo te bañarás en mí cuando seas tú mismo, cuando seas lo que libremente asumas. Entonces mi esencia divina se manifestará en ti y serás en verdad mi hijo.

Algunas personas afirman haber visto a seres del mundo espiritual, tales como Jesús, María, santos, antepasados, etc. ¿Cómo es posible que los hayan visto y por qué no los vemos los demás?

Los seres humanos tenéis adormecidos los sentidos espirituales porque durante muchas generaciones habéis centrado vuestra atención en las cosas materiales. Ello os ha cerrado a otros niveles de percepción. Por otra parte, cuando un ser tiene un nivel de vibraciones muy bajo resulta muy difícil que se comunique, o vea, a otro ser de vibraciones más sutiles y más elevadas. El egoísmo centra tanto a la persona en sí misma, en su ego, que le impide "ver" a los demás y, como te indiqué antes, esta dificultad subsiste, incluso después de la muerte física, impidiendo en gran

---

[11] Diplomático. Autor de varios libros de gran calidad. Entre ellos "Elogio del ateísmo" Ed. Siglo XXI

medida el movimiento y la evolución del ser espiritual de la persona egoísta fallecida.

Sin embargo, muchas de las personas que han visto "apariciones" no parecen ser personas especialmente generosas o con altos valores morales.

Varias explicaciones hay para ello. En unos casos, se trata de personas que han heredado de sus antepasados una particular sensibilidad para percibir la dimensión espiritual, recuerda lo que te acabo de decir de un cierto DNA espiritual. En otros, se trata de una acumulación de méritos, sean propios o ajenos, que les permite recibir la "gracia" especial de poder ser testigos de una aparición, la cual podría ayudarles a replantearse su concepto sobre la vida y a reorientar su conducta.

13. INFLUENCIAS ESPIRITUALES

Se habla mucho de los espíritus y del mundo espiritual. ¿En qué medida pueden influir en nosotros? ¿En qué medida podemos hacer algo por ellos? Muchas películas y muchos libros han abordado este tema. Voy a hacerle a Dios unas preguntas muy directas.

¿Existen realmente casos de posesión espiritual?

Así es. La posesión, cuando se produce, es obra de espíritus negativos o poco evolucionados que, carentes de cuerpo físico, desean seguir experimentando las sensaciones físicas, para lo cual anhelan estar en el cuerpo de un ser humano vivo y, si posible, llegar a controlarlo.

¿Puede hacer algo el ser humano para evitar ser poseído por un espíritu?

La mejor prevención consiste en vivir con altos valores e ideales, lo cual genera un aura que repele a los malos espíritus, que no son capaces de sintonizar con esos niveles vibratorios. También es muy importante evitar entrar en un dar y tomar con los malos espíritus. Por ejemplo, las técnicas de contacto con el mundo espiritual, tales como la ouija, utilizadas por personas inexpertas o débiles, pueden crearles, paulatinamente, una situación de dependencia o sumisión respecto a espíritus negativos o inmaduros.

Como consecuencia, las personas pueden llegar a identificarse en gran manera con el ser espiritual que les hable y dejar de distinguir entre sus propias opiniones y las

163

opiniones del ser espiritual. Cuando eso sucede, éste puede llegar a tomar el control de la persona, de forma similar a como ocurre en el hipnotismo.

El punto clave para que se llegue a producir la posesión, consiste en la aceptación, explícita o implícita, por parte de la persona poseída. Las demostraciones que hacen los hipnotizadores sólo funcionan cuando los sujetos a hipnotizar aceptan ser hipnotizados. En el caso de la posesión espiritual sucede algo parecido.

La doctora Fiore, en su libro "Los muertos inquietos"[12], insiste mucho en que una gran parte de las enfermedades mentales son causadas por problemas de posesión más o menos intensa. ¿No parece esta teoría hacernos volver a la Edad Media, donde todos los males eran cosa de brujas?

No debe preocuparte que una teoría suene más o menos anticuada, lo importante es que la juzgues con ojos abiertos, sin dogmatismos ni pre-juicios. La realidad es que las conexiones que tenéis con el mundo espiritual son mucho más intensas de lo que pensáis. La doctora Fiore tiene mucha razón en gran parte de lo que escribe, respecto a las perturbaciones que los espíritus os puedan producir.

Ahora bien, si los seres humanos no creáis una relación de dar y tomar con los espíritus malos esas posibles perturbaciones serán escasas. No obstante, debéis de tener cuidado pues esas relaciones se pueden entablar de modo inconsciente. Cuando os dejáis llevar por la envidia, la ira, la lujuria, etc. estáis creando las condiciones adecuadas para atraer a espíritus de personas que durante su vida física hubieran desarrollado ese tipo de conductas,

---

[12] The unquiet dead. Ballantine Books. New York 1987

¿Son reales los exorcismos? ¿Cómo logran expulsar a los espíritus que se han adherido a un individuo?

El exorcismo requiere ante todo poder espiritual. Es necesaria una energía tanto mayor, cuanta mayor es la debilidad o la falta de voluntad del ser poseído. Sólo los grandes maestros, como fue el caso de mi hijo Jesús, pueden expulsar con rapidez a los malos espíritus, en virtud de sus esfuerzos y méritos acumulados. En la mayoría de los casos, los exorcistas utilizan un proceso de persuasión para lograr que los espíritus comprendan que por ese camino no ayudan a la persona ni se ayudan a sí mismos, y que es mejor que abandonen el cuerpo de esa persona.

Si una gran parte de las enfermedades mentales esquizofrénicas, paranoias, depresiones, etc. son producidas por posesión espiritual ¿cómo es que no se consiguen más éxitos en la curación de los enfermos mentales?

Por varias razones principales. En primer lugar, poca gente tiene un concepto claro de los efectos de la posesión espiritual. Segundo, no saben cómo actuar para lograr que el espíritu o espíritus se retiren. Tercero, y muy importante, no saben cómo fortalecer los deseos de vivir de los poseídos, la voluntad de ser ellos mismos. Recuerda que uno de los principales problemas de las sociedades occidentales es la falta de ilusión en el futuro, lo cual da lugar a muchos casos de depresión mental, por conflictos conyugales, familiares, profesionales o existenciales.

Hay un gran riesgo de que la persona, a la que se ha liberado de la posesión espiritual, no sepa llenar su vida con proyectos y esperanzas. Es frecuente que anhele continuar experimentando esa relación de dependencia o sumisión, consciente o inconsciente, hacia el ser o seres espirituales que la poseían. En ese caso su anhelo le predispone para ser

165

poseído de nuevo. Se trataría de una situación que cabría calificar de espíritu-dependencia, por analogía con la drogodependencia. Al igual que el ex-drogadicto siente el anhelo de volver a someterse a la droga, la persona exorcizada puede sentir el deseo de dejarse poseer de nuevo, de ponerse en manos del mismo o de otro espíritu.

Mi hijo Jesús decía que *"cuando el espíritu malo sale de un hombre va buscando descanso sin conseguirlo. Entonces decide volver a la casa de donde salió y si la encuentra desocupada y barrida, trae otros siete espíritus peores que él, que también entran y se quedan ahí, con lo que la situación última del hombre poseído es peor que la de antes"* (Lucas 11: 24-26). Jesús quería subrayar con esto que el corazón del hombre debe estar lleno de ilusión y de proyectos; de otro modo pierde el deseo de vivir y es fácil presa de espíritus negativos con los cuales entra en una relación de diálogo, que él cree que es consigo mismo, y que finalmente le lleva a aceptarlos como parte de él y, por tanto, a dejarse poseer por ellos en mayor o menor grado.

¿Terminarán algún día todas esas perturbaciones mentales o espirituales?

Sí. Terminarán cuando el ser humano se encuentre a sí mismo. Entonces me encontrará y toda su vida se llenará de luz y de anhelos de vivir y de expresar su ser. En ese contexto no habrá lugar para posesión espiritual alguna.

Y ¿qué les ocurrirá a los espíritus malos?

Los espíritus malos, a los cuales puedes llamar también espíritus de la oscuridad o de la ignorancia, anhelan la alegría, como todo ser. Sin embargo, su ignorancia les llevó a centrarse en el egoísmo mediante la acumulación de experiencias egoístas como son la soberbia, la avaricia, la lujuria, la ira, etc. Como consecuencia, se sienten mal pero no saben por qué. Desean seguir viviendo como acostumbraban a hacer y obtener el mismo tipo de alegrías efímeras que les proporcionaba su avaricia, su lujuria, etc. Al carecer ya de entorno físico, por haber fallecido, quieren seguir reviviendo aquellas experiencias egoístas a través de las experiencias de las personas vivas con las cuales han logrado conectarse.

Para poder pasar a planos espirituales más elevados deben, primero, darse cuenta de la oscuridad en que se encuentran; después, tomar conciencia de que sus actitudes egoístas son la causa de esa oscuridad y, finalmente, lograr energía para desintoxicarse del egoísmo-dependencia, que es su drogo-dependencia particular.

Las oraciones y la ayuda de la gente que los quiere, además de su propia voluntad de cambio, son las palancas que permiten elevarlos. En la medida en que haya más luz en la tierra y en la medida en que se vayan levantando las barreras en el mundo espiritual, tanto más fácil será la recuperación y al final todos los espíritus serán buenos.

Entonces el Infierno eterno no existe…

Efectivamente. Imagina el peor crimen que puede cometer el hombre. Júzgalo y dicta sentencia. Yo te pregunto: ¿durante cuántos años y a cuántos tormentos castigarías tú a esa persona? ¿A 20, 30, 150 años? ¿Hay algún crimen por el cual le castigarías por la eternidad? ¿Estás seguro de que en algún momento no se apiadaría tu corazón? No me respondas, no hace falta. Por grande que fuera tu deseo de venganza estoy seguro de que no impondrías a nadie un castigo que durase por toda la eternidad.

¿Y si, además, el culpable fuera tu hijo o tu hermano? Es obvio que mayor aún sería tu deseo de que se arrepintiera para poderlo indultar. Pues si así piensas tú, que aún no eres consciente de tu naturaleza divina ¿qué voy a querer yo, que soy Dios, que anhelo el amor y que os he creado a todos como hijos míos? ¿Cómo podría soportar ver a alguno de mis hijos sufriendo por toda la eternidad?

Bueno, me queda claro que el Infierno no es eterno y que más pronto o más tarde todos seremos perdonados en el mundo espiritual. ¿No induce esto a que abusemos aquí y ahora del prójimo puesto que allí seremos perdonados?

Quiero aclararte algo. Mi perdón no es necesario. Lo que es imprescindible es el arrepentimiento sincero del trasgresor. El proceso de arrepentimiento no es fácil ni sencillo para el culpable. Se tiene que ver a sí mismo sin excusas, tiene que entender el corazón de la víctima, tiene que curarle su dolor. Todo ello es un proceso, un purgatorio, muy duro. El Cielo, la alegría celestial, requiere desarrollar enormemente la sensibilidad hacia los demás.

Para experimentar el amor más elevado es necesaria una sensibilidad excepcional. Para desarrollar esa sensibilidad es necesario tomar conciencia del daño causado y del dolor que sufrieron las víctimas. Esa toma de conciencia hace sufrir terriblemente al culpable, pero ese sufrimiento es imprescindible para su proceso de purificación y de sensibilización.

Comprendo que ese proceso de arrepentimiento sea difícil, pero, más pronto o más tarde, se va a producir ya que, al final, todos estaremos en el Reino de los Cielos. Por eso insisto en mi pregunta, ¿no inducirá esto a abusar en la Tierra, al saber que todo se corregirá algún día en el mundo espiritual? En palabras tradicionales ¿no inducirá a adoptar aquí en la Tierra la actitud de "que me quiten lo bailado?

No, por dos razones principales. Primero porque, como señaló Sócrates, quien conoce el Bien no hace el Mal, porque sabe que el Mal no da la felicidad, aunque momentáneamente pueda parecer que sí. Una vez que conozcáis el bien no optaréis por hacer el mal pues sabréis que eso os causará daño también a vosotros mismos, ya que en el fondo sois uno con vuestros hermanos y con el Universo.

Es más fácil hacer el mal que subsanarlo. El precio de la auténtica reparación es más alto que el beneficio que se obtuvo cuando se causó. Aún así, mientras no se da satisfacción plena a la víctima, la deuda espiritual persiste. Por ello, te aconsejo que no seas nunca cicatero en la reparación del daño si quieres lograr tu libertad espiritual auténtica.

Segundo, porque no resulta rentable posponer el proceso de arrepentimiento y rectificación hasta que se llegue al mundo espiritual ya que allí el cambio es más difícil. La energía vital del cuerpo físico es esencial para moldear el espíritu tanto en sentido positivo como negativo. Una vez que has desarrollado tu egoísmo, mediante tus vivencias y acciones, tu espíritu necesita realizar un proceso inverso y emplear energía propia para eliminar ese egoísmo.

Ahora bien, después de la muerte física, el espíritu carece de una fuente de energía para poder cambiar. Precisa entonces recibir energía vital de personas físicas para poder crecer. Depende de otros para su crecimiento. Esto hace que, aunque lo desee, su proceso para liberarse de su sentimiento de culpa y de asco de sí mismo sea muchísimo más largo y doloroso, ya que depende del apoyo de los demás y no sólo de su propio esfuerzo.

¿Cómo se produce la transmisión de energía de una persona viva al espíritu de otra persona fallecida que anhele cambiar espiritualmente?

Fundamentalmente se transmite por la unión entre ambos, sea consciente o inconsciente, voluntaria o involuntaria. Así, cuando una persona reza por un familiar fallecido con una oración no dogmática ni rutinaria sino positiva y de corazón, atrae al espíritu del fallecido y éste recibe el equivalente a una "transfusión" de la energía espiritual de la persona física.

En otros casos el espíritu se acopla al espíritu de una persona viva con la que tenga una cierta afinidad y la induce, no la posee, a que desarrolle una actitud y unas acciones positivas. Si la persona viva acepta estas insinuaciones, aunque crea que provienen de sí misma, su espíritu crece positivamente y, por sintonía, una parte de ese crecimiento se transmite también al espíritu de la persona fallecida como correspondencia a sus esfuerzos por haber influido positivamente a la persona viva.

¿Pueden los espíritus inducirnos a acciones que nos causen perjuicios?

Los espíritus malos o degradados pretenden experimentar las sensaciones que experimentaron cuando tenían vida física. Así pueden inducir a un hombre a violar a una mujer para experimentar el gozo efímero de la posesión y la lujuria. Observa que algunos violadores, tras ser detenidos, afirman en sus declaraciones haberse sentido impulsados por una fuerza irresistible, lo cual en ocasiones es fruto de una fuerte inducción provocada por un espíritu malo.

¿Puede cualquier espíritu malo inducir a cualquier persona?

No. Tiene que existir una cierta afinidad entre ellos: lujurioso con lujurioso, avaro con avaro, etc. Si no es así no puede un espíritu inducir de forma fácil a una persona física, porque no hay sintonía entre ambos. Puede hacerle llegar alguna sugerencia, pero en la medida en que el receptor no sea receptivo, no tendrá efecto en él. Así, si le sugiere la idea del suicidio a una persona llena de ganas de vivir, será difícil que tenga gran repercusión en ella.

¿Pueden los espíritus buenos causarnos algún mal?

Tu crecimiento espiritual depende de lo que hagas durante tu vida física. Por ello, a veces, el mundo espiritual bueno puede impulsar a las personas a tener accidentes o crisis, con la finalidad de que al reaccionar ante las mismas tengan nuevas posibilidades para crecer espiritualmente. Buda abandonó voluntariamente el palacio de su padre para buscarme. Sin embargo, en otros casos, un incendio o la destrucción de su palacio ha podido ser el detonante para que algún príncipe se diera cuenta de lo efímera que es la riqueza terrena. No estaría mal que te preguntaras ¿cuál fue la causa de aquel incendio o de esa destrucción? Cabe la hipótesis de que pueda haber sido inducida por algún santo, antepasado suyo, que deseaba frenar la degradación espiritual que la excesiva riqueza pudiera estar ocasionando en el espíritu de ese príncipe, descendiente suyo.

Los padres ponen a veces retos a sus hijos para lograr que estos se superen. Las dificultades que implican los retos pueden a veces ser consideradas como un mal, pero, en realidad, os ayudan a crecer y madurar. Los espíritus buenos pueden, a veces, conduciros a situaciones duras que os enseñen el verdadero valor de las cosas y os induzcan a rectificar vuestras conductas.

14. EL KARMA

Las doctrinas orientales, tan imbuidas por la teoría de la reencarnación, suelen considerar que la persona, durante su vida física, manifiesta las consecuencias de sus vidas pasadas. Por tanto, ella misma sería responsable de todo lo que le ocurre, de lo bueno y de lo malo, que no sería otra cosa sino el resultado de sus conductas en el pasado. Las suertes y desgracias que le ocurren al individuo no serían tan sólo consecuencia de su comportamiento en su vida física presente, sino que también manifiestan el castigo o recompensa por sus acciones en sus vidas anteriores.

Por el contrario, en las sociedades occidentales de raíz cristiana, se tiene tendencia a considerar al individuo como un ser ex novo, que ha surgido en el momento de su nacimiento y que es responsable sólo de sus actuaciones realizadas durante su vida física presente. Se trata de dos enfoques radicalmente opuestos. Voy a preguntar a Dios al respecto.

Dios, ¿es cierto que el ser humano se reencarna permanentemente? ¿Es cierto que tras la muerte física volvemos a nacer en un nuevo cuerpo?

Los seres humanos habéis querido encontrar explicación a las diferencias que observáis entre unos y otros, tanto en lo que se refiere a cualidades y habilidades personales como en cuanto a posición social. La idea de que debe existir un principio universal de justicia os impulsó a buscar una respuesta y ¿qué mejor respuesta que considerar que el presente es consecuencia del pasado?

Luego, ¿entonces es cierta la teoría de la reencarnación?

Las doctrinas orientales y también filósofos y pensadores occidentales, como Platón, sostuvieron y defendieron esta idea. Sin embargo, no es así. Sólo nacéis físicamente una vez, sólo tenéis una vida física.

Entonces, ¿por qué existen tantas desigualdades personales y sociales? ¿No me irás a decir que se heredan las culpas de los antepasados? ¿Qué responsabilidad tengo yo de las atrocidades que ellos puedan haber cometido?

Yo te pregunto: ¿Quién ha inventado la penicilina? ¿Quién ha inventado los automóviles? ¿Quién ha construido las carreteras? ¿Has sido tú?

Desde luego que no he sido yo. ¿Qué me quieres decir con ello?

Que al igual que tú te beneficias de lo bueno que tus antepasados hicieron, también tienes que asumir sus errores y faltas. De hecho, lo quieras o no, te afectan los destrozos materiales causados por las guerras recientes en las que se vieron envueltos tus antepasados. También estás envuelto en la cultura de opresión, o de libertad, que crearon en su entorno social y que tú has heredado. Con todo ello te encuentras, inevitablemente, al nacer en el seno de una familia determinada, en un territorio y en una nación concreta.

Bien, pero eso son cosas físicas, cosas de la realidad social. Sin embargo, ¿por qué habría de cargar yo con culpas más sutiles, como la lujuria, la envidia, etc y con los pecados y malas acciones, no ya de mis padres, sino también de mis abuelos, bisabuelos, etc.?

Es así porque esa es la ley universal. No sois individuos aislados como se suele creer en Occidente, sino miembros de una familia, de un linaje, de una raza, de una nación. De ellos heredáis lo bueno y lo malo y en consecuencia, en cada ser humano se acumulan los logros y las cargas de los antepasados. Al igual que te transmiten su herencia genética, recibes también lo que podrías denominar su herencia espiritual, o karma como se dice en Oriente.

Me cuesta aceptar la idea de que un individuo tenga que arrastrar la carga que le han transmitido sus antepasados.

Pues así es. Y no sólo la de su linaje familiar sino también la de su raza y la de su nación. ¿Por qué crees que los judíos han tenido hasta hoy un destino tan trágico? Al no haber reconocido a mi hijo Jesús y al haberlo llevado a la cruz asumieron, como grupo nacional, un pesado karma.

Peor me lo pones si me dices que debo cargar con las culpas no sólo de mi familia sino también de mi nación. Me cuesta mucho aceptar esta idea.

Eso se debe a que la cultura occidental, de raíz helénico cristiana, es muy individualista. Frente al excesivo colectivismo de Oriente, el excesivo individualismo de Occidente. La verdad, en este caso, se encuentra en un término medio. Cuando miras en términos históricos, asumes fácilmente, sin quejarte, la parte buena de tu nación, pero te cuesta aceptar la carga de los abusos y errores. La herencia es un todo, con su debe y con su haber.

Sin embargo, la idea de karma no debería ser una rémora; no deberías obsesionarte con el pasado. Tú eres el que eres, con tu estatura, tu color de piel y también con tu historia personal, familiar, social y nacional. Lo importante para ti no debe ser el pasado, que no puedes cambiar, sino el futuro que debes construir. Si lo ves así se te abrirán los ojos ante la cantidad de proyectos que puedes desarrollar para restaurar los errores de tu familia, raza y nación, además de los tuyos propios. Entonces podrás concebir tu vida en términos históricos. Sentirás que, a la vez que restauras las acciones de tus antepasados, estás contribuyendo a construir el futuro que heredará tu linaje, tu pueblo, tu raza e incluso toda la Humanidad.

Sugieres que la idea de karma puede ser un estímulo para crear el futuro. Sin embargo, la realidad es que los países de Oriente, que tanto creen en el karma, están menos desarrollados que los de Occidente, salvo aquellos que han adoptado nuestras formas de organización social y de producción.

Ello se debe a que la filosofía oriental ha tendido a asumir el karma con resignación y no como un reto. Han considerado al presente principalmente como una manifestación de las consecuencias del pasado, pero no como el punto de partida para construir el futuro. Los conceptos de karma y de reencarnación combinados con una concepción muy colectivista de la sociedad han sido aceptados muchas veces en Oriente como una justificación para la pasividad. Les ha faltado enfatizar la responsabilidad individual. Por el contrario, en Occidente, la cultura judeo-cristiana ha puesto el énfasis en la salvación personal que había que lograr en el corto periodo de la vida de cada ser humano.

Te sugiero que leas el libro de Max Weber "La ética protestante y el espíritu del capitalismo" Explica que el protestantismo calvinista creía que unas personas estaban predestinadas para el cielo y otras para el infierno y que se consideraba indicio de salvación futura el hecho de que un individuo alcanzase una situación de prosperidad económica. Esto estimulaba en los calvinistas el espíritu de

176

trabajo, pues las personas creían que si lograban prosperar era un signo de que la gracia de Dios estaba con ellos y de que por tanto su salvación espiritual iba por buen camino. La realidad es que en el mundo protestante con su énfasis en la relación personal con Dios, conmigo, ha prosperado mucho más que el mundo católico en el que el individuo ha estado más sometido a la jerarquía eclesiástica.

Luego la ausencia del concepto de karma no ha sido perjudicial en Occidente, mientras que la presencia de la idea de karma no parece haber dado fruto en Oriente.

En Oriente ha faltado impulsar la responsabilidad individual y tener la visión de que se puede construir el bien y erradicar el mal. Han tendido a creer que la dualidad Bien y Mal era una realidad natural incambiable y eso, en cierta medida, les hacía fatalistas y paralizaba su crecimiento individual y social hacia una perfección que consideraban imposible de lograr. En Occidente, por el contrario, ha faltado desarrollar el sentido de responsabilidad colectiva y de proyecto social común frente al excesivo individualismo.

Sin embargo, en ambos, Oriente y Occidente, falta una visión clara de un mundo ideal, de una utopía, del Reino de los Cielos en la Tierra. Cuando tengáis esa visión, el sentido de la Historia aparecerá más claro a los ojos de todos, comprenderéis los fallos individuales y sociales del pasado y entenderéis cómo proceder a restaurarlos y superarlos. Recuerda lo que hablamos sobre el ser humano y la sociedad[13].

Cuando sepáis a dónde ir, nos os agobiaréis tanto con la idea del karma. Simplemente la consideraréis un dato más de la realidad y no volveréis la mirada hacia el pasado para

---

[13] Ver capítulo 7 "El ser humano y la sociedad"

lamentaros sino tan sólo para aprender de él. Lo que os importará será lo que realmente está en vuestras manos: el futuro. El pasado es inmutable. El futuro está por hacer. De igual forma el karma de vuestros descendientes está por construir y sois vosotros quienes lo habéis de forjar. La idea de karma os hará sentiros más vinculados no ya con el pasado sino con el futuro que vosotros estaréis sembrando con vuestras acciones en el presente.

Visto así el karma tiene otra luz. Parece que nos conecta con el pasado y nos hace padres del futuro. Resalta nuestra responsabilidad ante la Historia que dejaremos a nuestros descendientes. Se presenta como un reto hermoso e ilusionante.

Así es. Ese es el enfoque que debéis asumir. El karma, sin anular la responsabilidad de cada individuo, lo engarza con el pasado y con el futuro. Le da la oportunidad de tener no ya los cinco minutos de gloria de aparecer en la televisión, que según dicen algunos busca toda persona de vuestra época, sino la posibilidad de que su vida física pueda dejar honda huella para toda la eternidad.

15. LOS CAMINOS DE CRECIMIENTO ESPIRITUAL

El mundo moderno es mucho más transparente que el de nuestros padres, tanto por el mayor volumen de información existente como por las numerosas posibilidades de encontrarla. Las bibliotecas, las librerías, internet y las múltiples instituciones públicas y privadas existentes facilitan enormemente el acceso a todo tipo de conocimientos tanto exotéricos como esotéricos. El problema que se plantea al individuo es cómo elegir entre tanta información, entre tantas técnicas, entre tantos maestros...

Dios, dices que nos hiciste a tu imagen y semejanza. Sin embargo, es muy poco frecuente que el ser humano parezca divino ¿Cómo podemos hacer que tu esencia aflore y se manifieste?

Si vivierais en un contexto correcto, todo ser humano manifestaría mi esencia divina. No obstante, siempre requerirá un tiempo llegar a expresarla de forma madura, sabia. Además, habrá distintos grados, dependiendo del esfuerzo que realice cada uno. Todo crecimiento requiere un tiempo. Recuerda lo que el Génesis dice de cada uno de mis actos de creación: *"Dios dijo: -Haya luz- y hubo luz. Vio Dios que la luz era buena y la separó de las tinieblas y llamó a la luz día y a las tinieblas noche. Hubo así tarde y mañana: día primero."* (Génesis 1: 3-5) y de forma similar para los seis días restantes de la Creación. En suma, en cada uno de ellos la Biblia dice: *"Hubo tarde y mañana: fue un día.*" Obviamente, entre la tarde y la mañana se halla la noche. Por tanto, cada uno recorría tres periodos: la tarde, la noche, la mañana.

Esto quiere decir que todo proceso de desarrollo pasa por tres etapas: formación, crecimiento y perfección. Estas etapas son también necesarias para que cada individuo humano llegue a manifestar, de forma consciente, la esencia divina. Una etapa para preparar y sembrar; otra para hacer crecer la semilla y otra para que madure y de fruto.

Los dos grandes problemas que os encontráis de partida en el mundo de hoy son, en primer lugar, la falta de un claro sentido de la vida y, en segundo lugar, las contradicciones que arrastráis de la herencia espiritual de vuestros antepasados y de la cultura de la sociedad en que hayáis nacido. Pero no te preocupes por ello. Cumple tu parte de responsabilidad: Inicia tu camino y trabaja para llegar a la perfección.

Tengo un amigo que no tiene el menor inconveniente en participar plenamente en diversos rituales religiosos, sea una misa católica, un ritual judío, musulmán, hinduista, etc. Le parece muy bien comulgar, recitar mantras, hacer inclinaciones, etc. ¿Crees que es una actitud correcta?

Mira, hijo mío. Sé de qué amigo me hablas y te digo que, con espíritu puro, no existe el menor inconveniente en participar en cualquiera de los rituales que pretenden lograr una mayor comunicación conmigo. Recuerda que "*no se hizo el hombre para el sábado sino el sábado para el hombre*". Por tanto, no tengas ningún reparo en orar con los pentecostales, en bailar con los Hare Krishna, en comulgar con los católicos, en inclinarte con los musulmanes...

La única limitación que debes tener en cuenta es la de no molestar a esos creyentes. Si no te consideran apto para participar en sus ritos, abstente de hacerlo para no ser motivo de escándalo y para evitar conflictos, pero si te lo permiten, siéntete libre para compartir con ellos esos momentos rituales de buena voluntad. Todos los seres humanos sois mis hijos y yo os estoy esperando detrás de todo camino limpio y puro.

Los maestros espirituales han propuesto diversos caminos para lograr la perfección: el ascetismo, el misticismo, la contemplación, el Tai Chi, el Yoga, la mortificación, etc ¿Cuál es el sistema más adecuado?

Todos y ninguno. Depende de cada caso y circunstancia. Lo fundamental es que tengáis un concepto claro de lo que es la perfección. Debéis tener claro el propósito del crecimiento. Tenéis que evitar caer en el error de creer que la perfección consiste en desarrollar las facultades que vosotros llamáis paranormales. Al igual que ser una gran estrella de fútbol no implica ser una gran persona, tampoco poder levitar o ver el futuro equivale a haber logrado la perfección y ni siquiera significa estar en el buen camino para ello. Debes tener en cuenta que lo principal es el propósito de tu caminar y, en particular, si a través de él pretendes alcanzar la armonía universal de la que ya hemos hablado.

Un hermano mío me despertó la curiosidad por el yoga cuando yo tenía 16 años. En ese tiempo el yoga era muy desconocido en la sociedad española y deseaba saber qué era eso. Descubrí que existían distintos tipos de Yoga: Hatha Yoga, o yoga de las posturas físicas; Bhakti Yoga o yoga de la oración; Mantra Yoga o yoga de los sonidos; Yantra Yoga o yoga de los diagramas geométricos; Raja Yoga o yoga de la mente; Karma Yoga o yoga de la acción; Virya Yoga o yoga de la ascesis, etc. ¿Hay alguno más recomendable que otro?

Te vuelvo a dar la misma respuesta que a tu pregunta anterior. Todos los tipos de yoga tienen la misma meta. Yoga significa "unión". El yoga hace referencia a la unión entre lo que manifestáis y vuestra esencia divina interior o, como algunos dicen a *"unir la no iluminada naturaleza humana con la iluminada naturaleza divina"*. El reto es siempre el mismo: encontrar la Unidad, lo Auténtico y hacerse uno con ella. Cabe decir que el yoga no es otra cosa que la superación de la alienación. Descubrir la esencia interior, el yo divino y unirse con él.

El ser humano ha buscado y busca siempre lo mismo por distintos caminos, tanto materialistas como espiritualistas. Recuerda que el materialismo marxista también propugnaba la superación de la alienación. Estaba equivocado en su concepto de esencia pues la materia no lo es todo, pero exaltaba el anhelo común al ser humano: encontrar y vivir en la autenticidad. Desgraciadamente su método era inadecuado para alcanzar el resultado que anhelaban.

Por el contrario, los diversos yogas son todos válidos; no suficientes, pero sí válidos. Unos trabajan a través de la respiración, otros mediante la devoción, otros buscando la esencia de la vibración, otros mediante el control mental, otros mediante la actividad diaria, otros mediante el ascetismo y la renuncia, etc, etc. Todos preparan al ser humano para encontrarse conmigo, lo que no excluye la posibilidad de que también los yoguis puedan perderse en el camino.

¿Por qué podrían los yoguis perderse en el camino?

Fundamentalmente, si dieran más importancia a la forma que al fondo, al desarrollo de poderes más que al amor verdadero. Recuerda la anécdota del yogui que se

182

encontró con Buda y muy ufano le dijo: *"Maestro, después de veinte años de meditación he conseguido ser capaz de atravesar el río andando sobre las aguas"* y el Buda le respondió: *"Insensato, has desperdiciado veinte años de tu existencia para lograr cruzar el río cuando por apenas unas monedas el barquero te podría haber llevado hasta la otra orilla"*.

En actitudes parecidas se pierden muchos, creyendo que los poderes adivinatorios, la telepatía, la visión espiritual, etc. constituyen la meta y la esencia de la perfección.

¿Cómo se puede saber si se ha elegido un camino correcto de perfección?

Hay varias reglas básicas para ver si se ha elegido bien. Primero, el camino correcto debe poner el énfasis en el desarrollo de la parte más interior, más esencial, del ser: el corazón. Segundo, debe enseñar a hacer fluir el amor. Tercero, debe enseñar a lograr la alegría verdadera, armoniosa. Cuarto, debe colaborar a la felicidad general.

El camino correcto no desarrolla las cualidades del individuo para destinarlas a lograr un bienestar egoísta individual. Quien verdaderamente está en el camino correcto no lo realiza a costa de los demás. Al contrario, promover la felicidad general es su obsesión celestial y está comprometido con ello.

Todo lo que te expliqué antes sobre el verdadero amor te es muy útil para entender en qué consiste el crecimiento espiritual del individuo y de la sociedad.

Hay muchos grupos que dicen que su objetivo es crear la paz en el individuo para después transmitirla a los demás. Por ello insisten en que primero hay que amarse a sí mismo para poder, después, amar a los demás.

Tienen razón, siempre que se interprete correctamente esa frase. ¿Qué quiere decir amarse a sí mismo? Para poder dar es preciso existir. Si alguien no se quisiera a sí mismo, si ni siquiera deseara existir, sería imposible que pudiera dar alegría a los demás. Quien no sabe nada, difícilmente puede guiar a otros. Sin embargo ¿quién hay que no sepa absolutamente nada? La inmensa mayoría de seres humanos y, en especial, aquellos que buscan la perfección, tienen algo que dar a los demás. Como mínimo su anhelo de búsqueda. El amor verdadero es dar y por ello, para que podáis amar a los demás, es necesario que reconozcáis vuestro propio valor y vuestro potencial de dar. Desde esa posición seréis capaces de dar amor. Si entendéis lo que es el amor VERDADERO, no encontraréis conflicto entre amaros a vosotros mismos y amar a los demás.

Algunos enfatizan que basta con amarse a sí mismo y que ello automáticamente genera paz en el entorno. Dicen que si uno se acepta tal como es, si tiene serenidad, si no se agobia por las circunstancias, termina por cambiar a quienes le rodean.

Conviene que tomes con cuidado con algunas afirmaciones frecuentes, en algunos grupos, de la llamada Nueva Era. Me refiero en concreto al énfasis que otorgan a *"aceptarse a sí mismo, tal como se es"*. Date cuenta que esta afirmación es un tanto ambigua. Incluye la posibilidad de que un criminal, o un perezoso, opte por aceptarse tal como es. Sin embargo, el criminal, por mucho que se acepte a sí mismo, continuará dañando a los demás y el perezoso continuará aportando muy poco a los demás y así mismo. Ninguno de ellos crecerá espiritualmente por esa vía.

Ahora bien, si por aceptarse a sí mismo lo que se pretende decir es que tenéis que indagar en vuestra esencia original, con serenidad, sin agobiaros por cosas secundarias, tales como vuestras circunstancias de riqueza, salud, juventud, etc. entonces lo que se está enfatizando es la importancia de conocerse a sí mismo y de no dejarse dominar por las circunstancias. Esta actitud es muy positiva como punto de partida.

Por el contrario, aceptar cualquier actitud o conducta que uno tenga como si fuera algo valioso por el mero hecho de que exista, es un enfoque equivocado pues puede tratarse de actitudes y conductas negativas que, en realidad, sean un obstáculo a superar para llegar a la perfección.

Es equivocado aceptar cualquier tipo de valores, actitudes y conductas ya que lo que debéis hacer es adecuarlos a los esquemas del amor verdadero. El enfoque correcto consiste en aceptar las circunstancias externas que pesan sobre uno sin por ello rendirse en la búsqueda de la perfección. Debéis tener coraje para soportar los acontecimientos externos adversos, sin dejaros obsesionar por ellos, lo que no impide que intentéis cambiarlos. Buscad primero vuestro propio yo interior divino y lo demás vendrá por añadidura.

En conclusión, mi mensaje es muy escueto y explícito: No tenéis que aceptar más que lo que es vuestra verdadera esencia; el resto, lo falso que haya en vosotros, no tenéis por qué aceptarlo, sino que, por el contrario, debéis esforzaros en cambiarlo.

Hablas de serenidad y de que no nos agobiemos por las circunstancias, pero ¿cómo ignorar las tristezas del día a día, las malas relaciones humanas, las enfermedades, la falta de medios económicos, la soledad, etc.? Todo eso envenena el alma y nos pide a gritos ser amados, mimados, atendidos, para poder tener fuerzas para salir de nuevo a la jungla humana. Anhelamos ser amados para tener fuerzas para amar.

Lo sé y lo entiendo. ¿Qué crees que vengo haciendo yo a lo largo de toda la historia sino tratar de inspiraros, de consolaros? La guía que he dado a mis campeones, a todo el que me buscaba, siempre ha sido la misma: salid a cambiar el mundo, a prepararlo para cuando llegue la hora; sacad fuerzas aún en medio del sufrimiento, de la marginación, de la persecución. Esa norma sigue vigente.

Vuestro reto no es vivir en el mundo actual sino cambiarlo, transformarlo en el mundo que debería ser. Hay momentos históricos más adecuados para el cambio como consecuencia de la acumulación histórica de los méritos de la Humanidad. Estáis viviendo uno de ellos. La hora ha llegado.

El número de personas que nos preocupamos por cambiar las cosas es pequeño. ¿Cómo podemos tener ánimo y esperanza?

¿Y cómo sabes tú que sois pocos? Si intentas colaborar con otros posibles interesados, te sorprenderá ver que hoy existe mucha más gente con deseos de cambio de la que tú piensas. Cierto es que sólo una pequeña parte de ellos tiene la actitud de apertura y de comprensión adecuada para liderar el proceso de cambio. Debéis comenzar por hacer esfuerzos para unir a los distintos grupos. No basta con hacer declaraciones de buenas intenciones. Debéis trabajar por la unidad. Sé que os puede resultar muy duro ofrecer posibilidades de cooperación a otros grupos que se consideran los portadores únicos de la verdad; a grupos que os miran por encima del hombro, pero tenéis que hacerlo. Así demostraréis que estáis en el camino correcto. Cada Iglesia, cada grupo espiritual, cada escuela de pensamiento, suelen tener aspectos positivos, sea en ideas, en talantes, en

186

medios, para caminar hacia la unidad. Aprovechad esos aspectos para buscar fórmulas de cooperación.

Hay grupos que consideran que su maestro es la Segunda Venida de Cristo, el Avatar de la Era, el Enviado Cósmico. Esa afirmación es muy fuerte ¿cómo se puede colaborar con ellos?

¿Y cómo sabes tú que alguno de ellos no está en lo cierto? Casi nadie fue reconocido como profeta en su tiempo. Recuerda que todo se desarrolla a través de tres etapas: formación, crecimiento y perfección. La verdad toma un tiempo hasta que es reconocida. ¿Qué inconveniente hay en relacionarte con ellos e, inclusive, en cooperar en todo lo que te parezca positivo?

Ten en cuenta que, si su nivel de verdad es más alto que el tuyo, podrás terminar por aprenderlo y que si, por el contrario, el tuyo es más alto podrás enseñarles, lo cual es una forma de dar amor. Te recomiendo en todos estos casos mucha prudencia, mucha comprensión y mucho diálogo. En un clima de armonía, los niveles más altos de verdad terminarán mostrándose. El conflicto, por el contrario, ha sido siempre el aliado de la oscuridad.

El taoísmo señala "El santo dice: si practico la no-acción, el pueblo se transforma por sí mismo; si amo la quietud, el pueblo se enmienda por sí mismo"[14]. ¿No está propugnando con ello que la santidad debe ser pasiva?

Puede parecerlo, pero hay que tener en cuenta que el taoísmo identifica el papel del santo con el del sabio. La sabiduría no consiste en que el líder lo haga todo y los demás lo observen. La sabiduría de un padre conduce a sus hijos hacia la toma de responsabilidad. Si les sobreprotege,

---

[14] Tao Te King

si no les deja hacer nada, no aprenden de verdad, no crecen. El santo ofrece la posibilidad al pueblo de tomar responsabilidad. Ese es el sentido de esa frase. La no-acción se refiere a la renuncia a la acción egoísta y la quietud alude a la tranquilidad y la paz.

Lao Tse, fundador del taoísmo, dijo que el santo practica la no acción cuando: *"Produce sin apropiarse, actúa sin esperar nada; cuando ha terminado su obra, no se apega a ella"* Por tanto, la esencia de la no acción taoísta no consiste en quedarse cruzado de brazos sino en hacer las cosas con generosidad y desprendimiento. Es erróneo interpretar que el taoísmo identifica la santidad con la indiferencia ante todo y la pasividad. Lo mismo cabe decir de otras escuelas de pensamiento.

Algunos grupos consideran que sus prácticas rituales son incompatibles con las de otros y eso dificulta la cooperación. Algunos consideran blasfemo, o al menos incorrecto, entrar a orar en un templo de otra creencia o rezar juntos con otros que no son de la misma fe religiosa.

Si otros te excluyen es su responsabilidad, pero tú no les excluyas. ¿Soy yo acaso un Dios ritualista? La verdad es que tengo muchas facetas y una de ellas puede ser ésa, pero tengo también la contraria, la ácrata, la libertaria. Eso sí, todas en un contexto de amor verdadero. Tú, hijo mío deberías ser igual. Como te dije antes, respeta el ritualismo de unos y la falta de rituales de otros. Siéntete libre para colaborar y practicar con todos los grupos religiosos, salvo en aquello que consideres que se aparta del camino correcto.

De todas formas, me da miedo extraviarme con tantos caminos tan distintos. ¿No me podrías indicar un camino concreto?

La responsabilidad individual es indelegable. No puedes transferirla a otro. Ni siquiera a mí. Tus decisiones son tuyas. Si crees que conociendo muchos caminos te puedes extraviar, no busques más; pero ¿y si resulta que descartas el mejor camino? En cualquier caso, lo mejor es que no te obsesiones y que busques hablar conmigo como estás haciendo ahora. Si me preguntas, te responderé, si escuchas te pondré en el mejor lugar posible, habida cuenta de tu karma, de tu actitud y de otras circunstancias. Prepara tu corazón y recuerda que cuando el discípulo está preparado, el maestro aparece.

16. EXPRESIONES MISTERIOSAS Y NÚMEROS SAGRADOS

Frecuentemente los libros esotéricos utilizan un lenguaje difícil de entender cuando presentan sus enseñanzas. Así ocurre con los textos de alquimia o de la cábala con sus alusiones a las salamandras, los elementos y sustancias simbólicos (azufre, mercurio, etc), su piedra filosofal, sus sephirots, etc. Lo curioso es que este lenguaje oscuro se encuentra también en el Antiguo Testamento e incluso en el Nuevo, por ejemplo, en el Evangelio de Juan, lleno de inspiraciones gnósticas...

Dios, las frases de los grandes maestros cuando aluden a tu esencia son frecuentemente misteriosas. Así, Juan en su Evangelio comienza diciendo: "Al principio existía el Verbo y el Verbo estaba frente a Dios y el Verbo era Dios. Estaba al principio frente a Dios. Todo se hizo por él y sin él no existe nada de lo hecho"[15]*¿Me podrías explicar qué quiere decir?*

El Verbo, o la Palabra, alude a mi poder creador. En tí se encuentra tu persona como existencia, pero también tu persona como escritor. Igual ocurre en mí. Existo desde siempre como Dios, pero además del Dios Existente soy también el Dios Creador y en tanto que Dios Creador soy el Verbo o la Palabra. Por eso la frase de Juan lo que expresa es que todo lo que existe surgió de mí, Dios, en la medida

---

[15] Jn 1:1-3

en que adopté mi faceta creadora, a la cual Juan denominó Verbo o Palabra.

Mi Palabra se manifestó en la Naturaleza y de forma más completa se encarnó en el primer Adán, hecho *"a mi imagen y semejanza"*. Como Adán falló en el cumplimiento de su parte de responsabilidad no llegó a ser mi auténtica encarnación, no llegó a ser la manifestación del Verbo. Por ello tuve que esperar largos y penosos años hasta que se dieron las condiciones que permitieron una nueva encarnación en la persona de Jesús *"y el Verbo se hizo hombre y habitó entre nosotros"*, como añade el Evangelio de Juan.

Así que el Verbo o Palabra eres tú mismo en tu faceta creadora. Suena interesante y sencillo. Entonces Jesús es Dios como tú mismo.

Por supuesto, pero no sólo él sino vosotros también. Como ya te he dicho tenéis el potencial divino en vosotros. Tan sólo tenéis que apartar la oscuridad y dejarlo aflorar.

¿Podrías explicarme la siguiente frase de Lao Tse en su Tao Te King?: "El Tao engendra el Uno. El Uno engendra el Dos. El Dos engendra el Tres. El Tres engendra todos los seres del mundo"

El Tao engendra al Uno viene a decir que mi esencia manifiesta mi personalidad, el Uno. Yo no soy un ser abstracto sino personal y como tal estoy hablando contigo.

Pero, además, tengo, como ya hemos comentado, dos aspectos, dos polaridades. Tengo en mí la esencia de lo masculino y de lo femenino y las dos posiciones internas de sujeto y objeto, es decir, mi Uno contiene el Dos, que hace referencia tanto al doble aspecto sujeto y objeto, como a las polaridades masculina y femenina.

Finalmente, cuando mi personalidad, mi Uno, actúa sobre mi Dos, mi dualidad ideas y energía, masculino y femenino, engendra o manifiesta el Tres que, al igual que en el caso del Evangelio de Juan, sería mi faceta creadora, el Verbo. Por ello, Lao Tse añade que "*el Tres engendra todos los seres del mundo*"

O sea que Lao Tse había intuido o percibido que tú tienes personalidad (Uno), con una faceta dual (Dos) masculino-femenino y sujeto-objeto y que cuando interactúa el Uno sobre el Dos, te manifiestas como Dios creador, o Tao creador. Interesante...

Así es. Su sensibilidad le puso en contacto conmigo de forma muy íntima Llegó a intuirme y plasmarme de forma muy poética, aunque demasiado concisa, por lo cual no ha sido fácil para vosotros interpretar racionalmente su mensaje.

Si todo lo que está en ti se refleja en tu creación, ¿cabría también decir que el Uno, el Dos y el Tres están en todos los seres?

En efecto, todos los seres tienen esos números si bien no todos en el mismo grado de plenitud pues sólo el hombre y los seres espirituales conscientes tienen autonomía en sus decisiones. Los animales, las plantas y los minerales no pueden ir más allá de sus instintos o de las leyes que los gobiernan. Así, el Uno del ser humano y el Uno de un animal son de diferente cualidad. De igual manera, el Uno de un animal es distinto del Uno de una planta, ya que ésta carece de la posibilidad de movimiento. También el Uno de los animales y las plantas es diferente del Uno de los minerales, ya que éstos no tienen vida ni capacidad de reproducirse.

¿Y el Dos y el Tres?

Los animales y plantas tienen un Uno cuya relación con su Dos, su parte masculina y femenina, les permite multiplicarse, engendrar a nuevos animales y plantas.

En los minerales la relación de su Uno con su Dos, se plasma meramente en su existencia. La relación entre la parte positiva y negativa de las moléculas o de los átomos, da lugar a la existencia de las sustancias. Todo mineral es el resultado de mi propósito (Uno) de que surgieran los minerales, combinando las leyes de atracción molecular y atómica con la materia (átomos). Estas leyes y estos átomos constituyen el Dos. El resultado es el mineral, el cual manifiesta el Tres (propósito, leyes y materia).

El Uno, el Dos y Tres los puedes encontrar en la estructura de todo ser.

¿Me podrías dar algún ejemplo adicional para que lo entienda mejor?

Por supuesto. Este libro que estás escribiendo es el resultado de tu Propósito de escribir un libro (Uno), más tu Esfuerzo como escritor combinado con tu Inspiración (ambos constituyen el Dos). Este libro es por tanto el Fruto, manifestación de tu Tres: propósito de escribir, acción de escribir y materiales (inspiración, ideas, intuiciones)

¿Existen otros números sagrados?

Los números son una forma de expresar las relaciones y son subjetivos en su manifestación. Así la cifra 12 tiene un significado en el sistema de base diez y otro en el sistema base 4. En aquél equivale al 12, en éste equivale al

6^{16}. Por ello, lo importante no es la cifra en sí, sino el número de relaciones a que alude.

Toda la Naturaleza es sagrada y por ello cualquier cifra de relaciones que puedas percibir en ella es sagrada. No obstante, hay algún tipo de relaciones que refleja relaciones más esenciales y por eso se les considera preferentemente sagrados. Hay abundantes ejemplos de ellos en los libros sagrados. Así en la Biblia, aparecen reiteradamente el 4, el 12, el 40, el 144, el 7, el 21, etc, pero permíteme que lo dejemos aquí para no entrar en temas demasiado complejos.

---

[16] Nota del autor. En el sistema base 4 sólo existen cuatro cifras el 0, 1, 2 y 3 por lo que en este sistema el 10 equivale al 4, el 11 al 5, el 12 al 6, el 13 al 7, el 20 al 8 etc.

17. EL PAPEL DE LOS GRANDES MAESTROS

En todas las épocas de la Historia y en todas las culturas han aparecido personas que han aportado mensajes nuevos y que han promovido la evolución de los conceptos religiosos, filosóficos o sociales de la sociedad de su tiempo. Esto ha continuado ocurriendo en tiempos recientes. Así, en el siglo XIX aparecieron Miller y White, fundadores del adventismo; Joseph Smith, fundador de los mormones; Baha Ullah, fundador de los Baha'i; Mary Baker, fundadora de la Iglesia de la Ciencia Cristiana; Taze Russell, fundador de los Testigos de Jehová; Ramakrisna, Vivekananda, Sri Aurobindo, en la India; Allan Kardec, fundador del espiritismo; Helena Blavastsky, fundadora de la teosofía; Rudolf Steiner, fundador de la antroposofía; etc.

El recién concluido siglo XX, han sido especialmente pródigo en la aparición de tal tipo de personalidades: Ngo Van Chieu, fundador, en Vietnam, del caodaísmo; Makiguchi y Toda, fundadores, en Japón, de la Sokko Gakkai; Lanza del Vasto, en Francia, fundador de la Comunidad del Arca; Paramahansa Yogananda, fundador del grupo Self; Max Heindel, divulgador de las enseñanzas de los Rosacruces; Ronald Hubbbard, fundador de Cienciología; Jose Mª Escrivá, fundador del Opus Dei; Swami Prabhupada, fundador de los Hare Hrishna; Sun Myung Moon, fundador de la Iglesia de Unificación; Maharishi Manesh Yogi, fundador de Meditación Trascendental; Samael Aun Weor, fundador del Movimiento Gnóstico; Jorge Livraga, fundador de Nueva Acrópolis; Gurdjieff; Krishnamurti; Ramana Maharshi;

197

Guru Maharaji; Bhagwam Rajneesh (Osho); Sai Baba; etc......

Muchos de ellos se consideran a sí mismos, o son considerados por sus seguidores, como el Mesías o Avatar de la nueva era. Dado que el Avatar o Mesías Central debe ser uno sólo ¿por qué aparecen tantos maestros? ¿No puede ello llevar confusión? Por ello me pareció importante consultar a Dios sobre el papel de los grandes maestros...

Dios, hace tiempo leí un libro que me impactó bastante. Se llamaba "Los grandes iniciados"[17]. Su autor, Edouard Schuré, enumeraba a una serie de importantes maestros espirituales de la Humanidad a los cuales agrupaba bajo una misma categoría, la de los grandes iniciados. Incluía a Rama, Krishna, Hermes, Moisés, Orfeo, Pitágoras, Platón y Jesús. Decía que todos habían actuado en una misma línea de enseñanza, contribuyendo a apartar el velo del misterio y a dejar que la luz de la sabiduría se manifestase. ¿Estaba en lo cierto?

Si deseas que sea muy conciso, te diré que la respuesta es sí, en líneas generales. Muchos grandes personajes de la Humanidad han estado muy conectados, o muy en sintonía, unos con otros a pesar de aparecer en diversos contextos culturales. Me buscaron con ansiedad en su intento por encontrar la Sabiduría y dieron lugar a enseñanzas cuyos principios morales y éticos tienen gran semejanza.

Entonces Jesús era un iniciado como los demás...

---

[17] Edourd Schuré. Ed. Edicomunicación. 1998 Barcelona

Yo no he dicho eso. Mi respuesta ha sido que todos esos personajes que has citado han contribuido a la llegada de la luz de forma importante; pero no todos de la misma manera ni con la misma importancia e impacto. Además, no todos provenían del mismo linaje, no hubo un linaje que conectara Rama con Jesús.

Mi estrategia central se desarrolló, por razones que habría que explicar despacio, a través del linaje de Sem. No obstante, trabajé también colateralmente en las demás culturas, haciendo surgir, cuando fue posible, maestros que preparaban el camino para que vosotros, los seres humanos, conocieseis mi luz.

¿La luz que vislumbraron los distintos iniciados era la misma?

Era la misma, pero el grado de percepción que cada uno tenía de la luz era diferente, aunque todos iban en busca de la Sabiduría. Los caminos eran distintos pero el eje de búsqueda que inspiraba a los grandes maestros era el mismo: encontrar la verdad interior del Ser. Algo análogo ocurre con los científicos que trabajan en las diversas ramas de la ciencia. Todos tienen una misma meta: descubrir la verdad del mundo exterior del Ser.

Entonces la diferencia entre un iniciado y un científico consiste en que unos están centrados en la búsqueda de la verdad interior y otros en la búsqueda de la verdad exterior.

Así es, pero hay que tener en cuenta que eso da lugar a grandes diferencias en cuanto al método de trabajo. La verdad exterior es perceptible, o puede serlo, por los sentidos físicos. Por tanto, permite la utilización de métodos tales como la experimentación o la observación del entorno visible. Sin embargo, estos métodos no son apropiados para la búsqueda de la verdad interior la cual requiere otros procesos de búsqueda.

¿Es entonces la verdad interior una experiencia estrictamente personal, irracional e incomunicable a los demás?

Es una experiencia no perceptible por los sentidos físicos, pero ello no la hace ni incomunicable ni irracional. Todo lo que existe, tanto a nivel exterior como interior responde a las leyes universales y por tanto es perfectamente explicable en la medida en que se descubren dichas leyes. Piensa que preguntas tan sencillas de responder hoy, como, por ejemplo, por qué no se cae la Luna sobre la Tierra, no tuvieron una respuesta correcta hasta que Newton descubrió la ley de la gravedad. Igual ocurre con la verdad interior pues en la medida en que vayáis descubriendo sus leyes la iréis entendiendo más claramente.

Mi hijo Jesús dijo: "*el que beba del agua que yo le daré no volverá a tener sed*" lo cual, aplicado a este caso, quiere decir que, en la medida en que descubráis la esencia de la verdad interior, encontraréis la sabiduría que equivale a lo que en Oriente se conoce como la iluminación. Eso no quiere decir que vaya a desaparecer tu deseo de continuar bebiendo nueva agua, pues el agua siempre es buena de beber Siempre es y será bueno profundizar en la iluminación, pero habrás dejado atrás la desesperante sed de la ignorancia.

¿Hay diferencias entre los propios iniciados?

Las hay, tanto en lo que se refiere al camino de búsqueda que utilizan como respecto al nivel de descubrimiento de la verdad que alcanzan. Unos avanzan a través de la música, a través de las vibraciones superiores que manifiestan el océano de sentimientos del Ser, intentando captar su diversidad y su armonía. Otros a través de la alquimia, que les lleva a buscar el elixir de la vida y tras el que pueden terminar descubriendo la esencia de la eternidad. Otros a través de la filosofía, etc.

También hay diferencias en cuanto al nivel de percepción y comprensión de la Verdad que cada maestro alcanza.

¿Cómo saber a qué maestro debemos seguir?

En este asunto ocurre igual que con el camino espiritual a elegir. Ningún individuo debe renunciar a su propia responsabilidad y seguir ciegamente a un determinado maestro. Recuerda que Jesús dijo *"Seguidme y os haré pescadores de hombres"* pero también dijo *"Así, pues debe brillar vuestra luz ante los hombres, para que vean vuestras buenas obras y glorifiquen al Padre"* poniendo de manifiesto el deber no sólo de seguirle sino de dar ejemplo ante la sociedad. Y añadió: *"¿Habéis entendido bien todas estas cosas?"*, ya que no se trataba de que le obedecieran ciegamente sino de que comprendieran el cómo y el por qué. Todos sois en potencia discípulos del buen maestro, pero sois vosotros mismos los que tenéis que discernir cuál es el buen maestro, cuál es el camino.

¿No me podrías dar alguna pista?

Te puedo decir que estás en la época adecuada, que el tiempo ha llegado y que si buscas encontrarás la luz, pero no puedo ir más lejos ni darte más indicaciones.

Recuerda que en tiempo de mi hijo Jesús, tan sólo algunos recibieron inspiración a cerca de su identidad y encima desaprovecharon las pistas que se les daban. Ni la estrella que guió a los magos, ni la paloma del Bautista y ni siquiera la transfiguración en el monte Tabor lograron que mi hijo tuviera seguidores absolutamente convencidos y fieles.

Por un lado, no me das pistas concretas, por otro, el Evangelio me advierte que vendrán falsos profetas. Por tanto, se complica la posibilidad de identificar al Maestro auténtico.

Tienes que tener en cuenta que, cuando venga el Maestro habrá también otros maestros coetáneos, al igual que ocurrió en tiempos de Jesús. No tendrán la misma posición que el Maestro, pero la mayoría de ellos no serán malos e incluso promoverán una moral y una ética correctas. Su reto, el reto personal de cada maestro, será reconocer al Maestro que les sea superior. Iguales responsabilidades tienen sus discípulos y toda persona.

Nadie os puede dar la verdad. Os la pueden comunicar, pero es responsabilidad inalienable de cada uno reconocerla y aceptarla. La dificultad más grande para ello, radica en la arrogancia, que os impulsa a no dar vuestro brazo a torcer y a buscar miles de excusas para justificar que vuestra posición, o vuestra *"verdad"*, es superior a la nueva luz que se os da. Por ello ha sido muy frecuente que los grandes maestros hayan sido rechazados e incluso ejecutados por los hombres e instituciones de su época. De ahí la grandeza de la humilde actitud de Sócrates: *"sólo sé que no sé nada"*.

Lo veo cada vez más complicado.

Es lógico que así sea, puesto que el premio a lograr es retornar a ser dioses. Te digo como decía el poeta: *"Adelante, adelante porque si no os jugáis la existencia, jamás conseguiréis la vida"*. Tú y todos soñáis con ser héroes y vivir una vida de aventuras. Pues bien, aquí en esta búsqueda tenéis un auténtico reto.

18. ¿POR QUÉ TARDA TANTO LA VERDAD EN MOSTRARSE?

Desde Adán hasta Jesús pasaron 4.000 años bíblicos y quién sabe cuántos años reales. Desde Jesús hasta hoy han transcurrido 2.000 años durante los cuales los cristianos han esperado la vuelta de Jesucristo. Un retorno que siempre se ha considerado inminente ya que en el Evangelio de Mateo, al hablar de la venida del Hijo del Hombre, se decía *"En verdad os digo que no pasará esta generación sin que sucedan estas cosas"*[18]. Sin embargo, ya han pasado 2000 años...

Dios ¿por qué, después de tantos milenios y de tantos profetas, no ha llegado aún la Humanidad a descubrir la Verdad y a poder crear un mundo de Paz?

La caída fue profunda y os sumisteis en la oscuridad. Los Hare Krishna dicen que los seres humanos son diamantes caídos en el barro. Es una bella y adecuada metáfora. Cuanto más profundamente estáis enterrados en el fango tanto más esfuerzo tenéis que hacer para llegar a mostrar el brillo del diamante. Cada individuo, cada pueblo, está enterrado a una determinada profundidad. Aún hoy una gran parte de la Humanidad se halla sumida en las tinieblas de la ignorancia, del fanatismo y de la opresión exterior e interior. Habéis necesitado muchos años para empezar a

---

[18] Mt 24:34

descubrirlo. Afortunadamente está llegando una Nueva Era y la salida hacia la luz se va a producir.

Muchos prevén que este siglo XXI será el siglo del conflicto entre civilizaciones y no presagian paz sino enfrentamientos.

Todo proceso de cambio implica una crisis. Toda nueva verdad debe abrirse paso a través de la vieja. Arnold Toynbee en su tesis sobre la historia de las civilizaciones señala que en la historia ha habido muchas culturas y civilizaciones diferentes y que las de mayor valor han ido absorbiendo a las otras. Así ha sido y será. El conflicto a que algunos aluden no es otra cosa que la etapa previa para la convergencia de todas las culturas actuales hacia una nueva cultura. Recuerda todo lo que hemos hablado sobre el sentido de la creación y el papel de la sociedad humana.

En la Historia hay momentos especiales de cambio y otros en los que todo parece bloqueado. ¿Cuál es la razón de todo ello? ¿Se trata de mera casualidad?

No, la historia humana es un continuo en el que se acumulan los hechos de cada individuo en su cultura, en su nación, en su entorno geográfico. Detrás de la historia de cada sociedad subyace una lucha entre la luz y la oscuridad.

En la medida en que va venciendo la luz se producen las condiciones objetivas para que se reciba un nuevo mensaje de mayor valor, capaz de hacer saltar a la sociedad hacia delante. Los méritos acumulados por el esfuerzo de los personajes históricos centrales (Jesús, Moisés, Buda, Mahoma, etc) y de las distintas tribus o naciones deben ser suficientes para compensar en cierta medida los errores del pasado. Eso requiere periodos de tiempo. El proceso de acumulación de méritos se basa en acciones que demuestran

204

fe o en las que el lado bueno da lecciones de generosidad y sacrificio al lado malo.

Por eso la Historia parece repetirse en muchos casos y como percibió Plutarco muchas vidas de los personajes históricos parecen transcurrir por caminos paralelos. Si en ellas han logrado manifestar su lado más divino, su esfuerzo por buscar lo más elevado y orientar a su sociedad en esa dirección se produce una acumulación de méritos que permite que posteriormente grandes hombres o profetas surjan en esas sociedades y muestren un camino más adecuado para realizar el ideal divino. El análisis de la historia de cada sociedad bajo este prisma os llevará a conclusiones sorprendentes.

Parece que hay naciones que ocupan una posición privilegiada en cada momento histórico. Hoy Estados Unidos, antes Gran Bretaña, Francia, España, Roma, Grecia, Persia. Egipto, Israel, etc. ¿A qué se debe?

La Humanidad surgió de un tronco común y se fue dividiendo después en razas, culturas y naciones. Determinados individuos tuvieron un papel central en sus respectivas tribus o linajes. En la medida en que lo cumplieron, el centro de la historia se transmitió a sus descendientes. Cuando fallaron pasó a otras ramas colaterales, a otras sociedades, que se habían separado de aquélla.

Así, en la era cristiana el papel de Roma decayó al no seguir verdaderamente el mensaje de mi hijo Jesús; la Germania cristianizada la sustituyó a través del Sacro Imperio Romano Germánico; de ahí el papel central pasó a España, que fue la descubridora del Nuevo Mundo y que tuvo un papel nuclear en Europa del siglo XVI. Su misión providencial consistía en haber mantenido la unidad cristiana, evitando la ruptura entre católicos y protestantes, y en promover la profundización, liberalización y desarrollo de la sociedad cristiana.

Sin embargo, Carlos V y Felipe II no lograron mantener a Europa unida y en paz como modelo cristiano y el papel central de España pasó a Francia. Después, cuando falló ésta, pasó a Gran Bretaña y, tras el fracaso de ésta, a Estados Unidos que es la nación central en el mundo actual y en la cual recae la responsabilidad de preparar el marco de libertad y cooperación capaz de recibir mi mensaje y la nueva revelación. Las naciones que colaboran, aunque sea inconscientemente, a preparar ese mundo ideal del que tanto te he hablado perduran; las que no, decaen.

Estás hablando del mundo occidental. Sin embargo, siempre se ha dicho que Oriente es la cuna de la espiritualidad. ¿Por qué entonces son las naciones occidentales las que han tenido un papel principal en estos 2.000 últimos años?

Porque el cristianismo, que era mi mensaje unificador central, enraizó en Occidente. Por ello las naciones occidentales cristianizadas tomaron una posición central en la historia de la era cristiana. Sin embargo, recuerda que toda la historia bíblica previa a Jesús, toda la historia de Israel, está centrada en Oriente Medio. Todos los países de esa zona (Turquía, Siria, Irak, Irán, etc) que hoy son musulmanes podrían haber sido influenciados por Israel primero y luego por el cristianismo de Jesús y haber sido integrados en una misma y constructiva cultura de paz y fraternidad.

Sin embargo, Israel siempre fue una nación pequeña, incapaz de influenciar a las naciones e imperios vecinos.

No es así. Recuerda la época de Saúl, David y Salomón. Fueron momentos florecientes. Lamentablemente, no siguieron el camino correcto e Israel se dividió. Primero, entre los reinos de Israel y Judá que entraron en un proceso de luchas fraticidas. Después, el reino de Israel, corrompido y debilitado, fue destruido y llevado como esclavo perdiéndose la pista de su pueblo, las llamadas diez tribus perdidas de Israel. El reino Judá, de ahí el nombre de judíos, continuó siéndome fiel durante un tiempo, pero al final se corrompió también y fue llevado cautivo a Babilonia por Nabucodonosor. Posteriormente, Ciro, rey de Persia, les permitió regresar a Israel y, más tarde fueron dominados por los romanos. Pero su oportunidad de haber sido una nación central, políticamente fuerte, había pasado.

A pesar de todo hiciste nacer a Jesús en la nación judía.

Sí, porque el linaje de Sem, Abraham y Jacob era el elegido y el Mesías tenía que surgir necesariamente en ese contexto. En Jesús se acumulaba el mérito de sus antepasados y de su nación. Fue la gran oportunidad para Israel. Si los judíos de su época se hubieran unido en torno al mensaje y a la figura de Jesús, habrían recobrado el papel central en la Historia y habrían integrado culturalmente al imperio romano, que en esos momentos llegaba hasta la India. Y, a partir de él, todo Oriente se habría unido, dando lugar a una sociedad mundial hermanada y en paz. Se habría cumplido entonces, en aquella época, el fin de la Historia de conflictos y guerras y habría alumbrado una floreciente y perdurable cultura de paz en la que "el cordero pacerá junto al león"

¿Se puede prever dónde y cuándo van a nacer los elegidos, los grandes maestros?

La Biblia contiene pistas muy interesantes a investigar. Recuerda cómo Caín mató a Abel y por ello Dios tuvo que trabajar a través de Set, el tercer hijo. De éste descendió Noé, el cual, curiosamente, tuvo tres hijos, Sem, Cam y Jafet, que recuerdan a los tres hijos de Adán (Caín, Abel y Set). El fallo de Cam, que era el hijo segundo al igual que Abel, trasladó el papel principal al hermano primogénito Sem y de ahí la importancia de la línea semita en la historia, de la que surgió Abraham, cuyo linaje se transmitió de forma especial a través de su segundo hijo, Isaac. Algo similar ocurrió con éste, transmitiéndose el papel central a su segundo hijo Jacob. Sería ahora muy largo de explicar con detalle todas las conexiones hasta Jesús, pero si buscas encontrarás respuesta a través de algún maestro de este tiempo.

¿Es posible encontrar respuestas y soluciones auténticas en el momento histórico presente?

Estás viviendo en una época privilegiada. Te encuentras ante un Gran Despertar, pero, como ya he repetido, los cambios no se pueden hacer sin vosotros. Ha llegado la Era del Hombre, vuestra era, hijos míos. Prepárate y busca. Purifica tu espíritu. Pide lo grande y se te dará. Yo he hablado contigo, pero tienes que poner tu parte. Abre los ojos, esfuérzate. Encontrarás la Verdad y podrás ser actor en la construcción de un mundo de Amor Verdadero. Permite que me despida ahora. Recibe mi bendición. Tu tiempo ha llegado, el tiempo de tu búsqueda y de tu toma de posición personal.

19. EPÍLOGO

Tras estas últimas respuestas Dios se ha tomado un tiempo de silencio o, tal vez, me ha dado a mí la pausa necesaria para que asuma y realice mi compromiso. Creo que Dios quiere darme tiempo para digerirlas. Me pide que me comprometa y que busque por mí mismo. Me siento esperanzado. Estoy convencido de que no es un punto y final sino un descanso antes de abordar la segunda parte del partido, del partido de la vida. Dios ha insistido en el esfuerzo y en el compromiso como elementos imprescindibles para la alegría. Siento que está cerca de mí y que me observa. Es mi momento de abrir los ojos del corazón. También te pido a ti, lector, que tú también los abras.

Si deseas enviarme algún comentario o hacerme alguna pregunta, puedes hacerlo a mi correo electrónico esm@adlc.es

xxxxxxxx

Made in the USA
Columbia, SC
27 June 2019